先生！日本で学ばせて！

強制送還される子どもたち

外国人の子どもたちの「在留資格問題」連絡会 編

現代人文社

はじめに──共通するのはともに生きたいという願い

　私は学校で行われる行事のなかで文化祭が大好きである。クラスの仲間たちが何を作り出すかわからないから面白くてたまらない。部活動や有志団体がやることはだいたい予想がつく。何が飛び出すかわからないのがクラスの企画だ。そもそもクラスという集団は、人間社会のあらゆる組織のなかでもきわめて特異な性格を持っている。一般に人の集まりは何かしら目的を持っているものだ。たとえば野球部だったら、野球をやることを目的にしている集団である。ところがクラスは、目的を持って集合した集団ではない。だから文化祭で「クラスの企画を考えろ」と言われても、何をやっていいかわからない。クラスの仲間たち一人一人の個性・持ちネタを考えながら、企画を立てていかなければならない。協力してくれる人もいれば、はじめからそっぽを向いてしまう者もいるし、いつもクラスの仲間から距離を置きながらついてくる者もいる。たとえ「代わり映えのしない模擬店」であっても、実際企画して運営できる体制を作るのは、実は容易なことではない。多様な個性の持ち味が、カオスな状態から少しずつ組織化されていくさまはとても面白い。

　クラス（学級）は共生空間である。外国からやって来た仲間たちも、その一員として生きている。差別やいじめもあるかもしれないが、もう一方で問題を自ら解決し、うまくやっていける力も持っている。

　いつもと同じ笑顔に会えることは、かけがえのないことだ。担任の教師は教室に現れなくなった生徒のことはいつも気にかかるし、不測の事態で学校に来れなくなったクラスの仲間たちのことは決して忘れるものではない。

　子どもたちに向けられた退去強制命令は、クラスの仲間たちの中に落とされた爆弾のようなものである。いきなりクラスの仲間たちに「不法」のレッテルが貼られ、「おまえはもう日本にいてはいけない」と国家権力からの命令が下るのである。本書に書かれている物語は、「入管法違反」というレッテルが貼られ、学校・

地域から、あるいは家族から引き裂かれようとしている子どもたちと、彼ら・彼女らを取り巻くクラスの仲間、教師、地域の人々の物語である。

　この問題を語るとき、「だって不法だから仕方がないじゃないか」という声が聞こえてくる。でも待ってほしい。慣れ親しんだ地域や学校は、子どもたちの成長と発達にとってかけがえのないものだ。それを奪う行為は、よほどの理由がなければならない。

　私はこの問題に関心を持ち始めてから、各地で当該家族や支援者から話を聞いたり、直接家族や子どもたちにインタビューをしたりした。「子どもの学習権」「家族の結合権」という範疇でこの問題は語られる。そして「子どもの権利条約」がいうところの、「子どもの最善の利益」の問題でもある。本書ではまさにそうした観点から取り組まれた各地の報告がなされることになるだろう。私はそれに加えて、もう1つの視点を持ちながらこの問題を考えてもらえたらと読者の皆さんに願う。それは、彼ら・彼女らと出会い、そしてともに生きたいと考えている日本社会のマジョリティ（日本人たち）の権利という視点である。今まで、「ともに生きる権利」というと、マイノリティの持つ権利として語られることが多かった。社会のマジョリティは、マイノリティの「ともに生きる権利」を奪っている、という図式で捉えられ、語られてきた。外国人の家族や子どもたちを支え、必死に闘う人々の姿はそういう図式では捉えきれない。各地で退去強制されそうになった子どもや家族を支えた学校の教職員や、保護者、クラスの仲間たち、地域の人々の存在は、「まだまだ日本社会も捨てたものではない」という思いを抱かせてくれる。私は次のように強く考えるようになった。外国人（マイノリティ）とともに生きようとする日本人（マジョリティ）の側にも権利があるのではないかと。退去強制は、当該外国人を取り巻く日本人の権利をも奪っているのではないかと。ともに生きる権利──「共生権」はマジョリティの側にも拡張すべきであると私は思う。

現象は「個の生」と「国の政策」とのぶつかり合いとして生起している。国家と個が闘ったら、勝負は目に見えている。裁判所も多くの場合どうやら国家の味方らしい。しかし、裁判所もときには個に軍配を上げてくれることもあるらしいから期待したい。

　それにしても、いつまでもこんなことは続けていられないとも思う。「日本で学びたい」「家族と引き裂かないでほしい」という子どもたちや家族の願いと国家の利益は、対立するとは思えない。彼ら・彼女らが、家族とともに生き、日本で学び続けたとしても、誰も不幸になる者はいない。国家の意志によって家族を引き裂く行為は、もう過去のものであってほしい。現に国は、いくつかの事例については、在留資格がなかったり取り消された子どもたちに対し、在留を認める解決策を示している。しかし残念ながら、救済されたのは、まだほんの一部である。

　問題解決の糸口は、本書の中で語られることになるだろう。

2004年8月
高橋　徹

目次

はじめに――共通するのはともに生きたいという願い　i

section 1
現代の神隠し？

子どもたちがいなくなったその日――井野幸子＋寺岡良介　2

ビザのない子どもたち――筑波君枝　7

入管行政の狭間であえぐ子どもたち――林 二郎　15
学校現場でどう取り組むか

「子どもの権利ネットワーク」の結成とその取組み――草加道常　24

section 2
子どもたちの願い

突然の帰国――大島英夫　40
ペルー人高校生の場合

日本で生まれたのに――髙井和恵　54
李悠紀さんの場合

ひとり日本に残されて──大倉安央　71
周くんの事例を中心に

［コラム］児童養護施設から消えた安くん──竹内忍　82

家族を引き裂かないで──井野幸子　83
井上さん家族の場合

守られた家族の絆──鄭さん尚さん家族を支援する会　100
鄭さん尚さん家族の場合

Section 3
子どもたちを守るために知っておくべきこと

退去強制手続きの概要──児玉晃一　118

入管収容施設について──高橋徹　128
子どもたちが連れて行かれた場所

子どもの権利条約から見た退去強制問題──平野裕二　137

在留資格のない子どもに出会ったら──高橋徹　144
学校の先生のためのヒント

section 1

現代の神隠し？

子どもたちが
いなくなったその日

井野幸子●菊陽町立武蔵ヶ丘中学校教諭
寺岡良介●菊陽町立武蔵ヶ丘小学校教諭

　子どもたちが突然、私たちの手の届かぬところへ連れて行かれた日のことは、私の記憶に鮮明な画像として、いくつかの場面が焼きつけられている。団地の階段を登りつめたときに見たドア、入管の出張所の下で呆然と立ち尽くしているおじいちゃんとおばあちゃんの顔、出張所の応接室、福岡入管へ問い合わせたときの公衆電話、差入れを選んだスーパーの駐車場、高速を走っているときのフロントガラスにあたる雨、福岡入管の1階、そして、説明するときの入管職員の表情や仕草……。忘れられない日となっている。こんなことがあっていいのか、信じられない思いでいっぱいだった。

中学校から消えた東くんと晴子さん

　2001年11月5日月曜日、朝から東くんが学校へ来ていない。最近胃が痛むと言っていたし、調子が悪いのかなと思った。すると、妹の晴子さんも学校へ来ていないと担任から聞かされる。私はその年、初めてついた日本語指導担当として、東くん、晴子さんも含めて3名の生徒の授業に入り込んだり、取り出し授業（たとえば「国語」の授業をやっている時間に、その生徒だけ別な部屋で「日本語」などの授業を受けること）を行ったりしていた。
　その3人のうち2人も来ていないまま、何の連絡もないので、私は家へ行ってみた。何度も上がった階段、その朝は、お母さんがしている内職のケースが玄関

の外に積んであった。そんなことは一度もなかったので「あれ?」と思った。東くんは胃が痛いと言っていたから、この前行った病院かな?と近所の胃腸科の待合室に行ってみるが、来ていない。

　学校へ戻り、おばあちゃんの仕事先(親戚)へ、電話を入れてみた。すると「どうやら入管に連れて行かれたらしいって、おばあちゃんとおじいちゃんは入管に行っているよ」とのことであった。驚いて、すぐおじいちゃん、おばあちゃんの末娘のところへ電話を入れ、在留資格の更新手続きの際に私も一緒に行ったことを伝え、子どもたちのことも心配だから私も行きたいと申し出た。そして「おじいちゃんたちだけでは何かとたいへんかもしれないから、お願いします」と、末の娘さんから言ってもらった。そのときに、東くん、晴子さんのいとこの成男くん、龍男くんの家族も連れて行かれたと聞き、龍男くんは小学生だったため、すぐ小学校にも連絡をとった。

小学校から消えた龍男くん

　小学校でも、あの日のことは、忘れることができない。
　朝8時15分、いつものように6年1組の教室で子どもたちとあいさつを交わし、健康観察を始めた。龍男くんが来ていない。何の連絡もなく学校を休むことはこれまでほとんどなかったので、子どもたちに自習の指示を出し、すぐ職員室へ。自宅に電話するが誰も出ない。母親の職場に電話をし、上司の方に問い合わせるが、お母さんも来ていないとのこと。お店の人もよくわからないようすだった。勤勉で評判の母だから、無断で休むことは考えられない。すぐ龍男くんのおばあちゃんの職場に電話した。そこは親戚の方が経営されている食堂だったので、龍男くんのおばさんにあたる方が、「どうも入管に連れて行かれたらしい」との情報を教えてくださった。すぐ日本語指導担当の教師に伝え、校長にも報告。善後策を考えていたところ、中学校の日本語指導担当から連絡が入り、中学生の晴子さんたち兄妹も来ていないことがわかった。
　とにかく子どもが今どこにいるのか、連絡もできない状況だとしたら、それはなぜなのか、子どもの命を預かる立場として、子どもの状況を正確に把握するために、小・中学校の日本語指導担当が2人で法務局の熊本出張所に駆けつけた。

私は6年1組の子どもたちとともに、学校で連絡を待つことにした。「どうだった？」と心配して尋ねる子どもたちに、はっきりしたことがわからないので、「家の都合で、少し遅れてくるみたい」とだけ伝えた。あまりにも突然の出来事に、何がどうなっているのかわからず、その日は、休み時間ごとに職員室に降り、日本語指導担当からの連絡を待った。

熊本出張所での対応

　私たち小学校・中学校の日本語指導担当は一緒に、福岡入管熊本出張所にすぐに向かうことにした。駐車場に着くと、おじいちゃん、おばあちゃんが呆然と立ち尽くしておられた。おばあちゃんが、「ここじゃわからん。自分たちにはわからないと言われた。ここに電話を入れなさいと言われた。何もわからんよ」と、小さな付箋紙に書かれた福岡入国管理局の電話番号を見せられた。数字だけが書かれたたった1枚の小さな付箋紙、それだけが2家族7人の行き先の手がかりだとは……。どうして、ここに在留資格更新を申請したのに何も教えてもらえないのか、どうして、大事な家族の行き先を尋ねるのに風が吹けば飛んでいきそうなたった1枚の紙切れなのか。こんなにも子どもや孫たちを心配しているおじいちゃん、おばあちゃんへの対応のありように、とうてい納得できず、私たちはもう一度入管に聞きに行くことにした。

　小・中学校日本語指導担当であると話し、私たちが訪ねると、別室に通され、話を聞くことができたが、結論は同じ、連れて行ったのは自分たちではない、ここは出先機関で知らされていない、福岡入管に電話するようにと言われる。おじいちゃん、おばあちゃんに報告し、付箋紙に書かれた番号にまず電話を入れた。

　「ああ、井野先生ですか。晴子さんから先生が心配するからと、井野先生、それから寺岡先生に電話をしてくれと頼まれ、今電話番号を調べていたところでした。強制送還ということで調査をしています。今日はバタバタしているので、来られても面会できないでしょう。いずれ面会できるようになったら連絡します」と福岡入国管理局警備部門の直接の担当者が言った。おじいちゃん、おばあちゃんは、家族と相談するためにいったん家に帰られた。

福岡入管へ

　私たちは、会えなくても仕方ないが、子どもたちは朝ご飯も食べていないだろう、差入れくらいできるはずと福岡へ向かった。

　途中、晴子さんたちのお父さんの携帯番号から私の携帯に電話が入る。「もしもし！……」晴子さんの声だった。「もしもし、晴ちゃん！　晴ちゃん！」しかし、切れる。かけ直すが、すぐ切れる。私は、(どうしよう、とてもまずいときにかけてしまったんじゃないかな、晴ちゃん大丈夫かな)ととても心配した。

　福岡入管に着くと、しばらくして晴子さんから再び携帯に電話が入る。「先生、今どこ？」「福岡入管、晴子さんと同じところに来てるよ」「じゃあ私たちの下に来ているんだね。友だちは連れて来ているの？」「急だったから連れて来ていないよ」。

　1階の受付で晴子さんたち家族のことを聞くが、そんな家族は来ていないと言われ呆然とする。いったいどこへ連れて行かれたのか、とにかく、2階に行けばわかるかもしれないと、上がっていった。けれども、どこが受付なのか、どこに行けば教えてくれるのかまったくわからなかった。困って、インターホンを1つ見つけて押してみた。出てきた職員に、子どもたち、家族に面会したいと伝える。

　しばらくして担当という人が私たちのところへ来て言った。「ズバリ結論から言います。強制送還です。もう少し調べて、そして帰ってもらいます。今日はまだ調査が続いているので面会はできません。明日だったらできると思います」。そして「子どもは悪くありません。悪いのは親です。大人です」と続けた。面会できないこと、強制送還が結論と言われたことに、私たちはがっくりして、せめて差入れをしたいと言った。

　しばらく待っているように言われ、別室で再び担当者が来て話す。「調査が済んだら次の日に帰ってもらいます。今、次々にわかってきていますから、面会は明日も無理でしょう。いずれできるようになったら連絡します」と言われたため、午前中に調査が済んだら午後の便で帰されることもあるのかと聞くと、「それはあります」と言う。それでは水曜日にも強制送還の可能性がある。そんな担当者の言葉を鵜呑みにして、本当は面会できるはずなのに、私たちはその場をあきらめて、また、退去強制手続きの全容を知らず、できることもわからぬまま、熊本へ帰る

しかなかった。

子どもたちを守るための闘いが始まる

　入管では「子どもたちは落ち着いています」と言われていた。しかし、そんなはずはなかった。まして、そのときに書いていた手紙すら、家族が弁護士に依頼してようやくできるようになった面会の直前に手渡されるまで、何日も私たちの手元に届くことはなかった。子どもたちは泣きに泣いていた。壁一つがこんなにも厚く非情なものに思えたのは初めてだった。入れ違いでおじいちゃん、おばあちゃんも福岡入管に行っておられた。しかし、やはり面会できなかったと言う。

　けれど私たちにとって幸いだったのは、それまでの中国の子どもたちとの取組みのなかで、相談を受け止めてくれる人たちがいたこと、すぐ集まって一緒に考え、動いてくれる仲間がいたことだった。

　その日から、元中国残留孤児井上鶴嗣さん（おじいちゃん）の家族を引き裂こうとする入管行政との闘いが、否応なく始まった。

ビザのない子どもたち

筑波君枝●フリーライター

はじめに

　現在、日本には219,418人の「不法滞在外国人」(2004年1月1日現在)がいるが、うち未成年者がどのくらいを占めているかについては、その数字が発表されていないため不明だ。以前、新聞報道の記事中★1で、99年7月の数字として268,000人の「不法滞在者」のうち未成年者が11,000人という数字が挙げられていたことがある。これをもとに考えると、減少傾向はあるにしても、現在も数千から1万人前後の子どもたちが「不法」状態で置かれていると考えられるだろう。

　アジアやアフリカなどから日本に来日し、在留期限を超えても滞在し、就労する「外国人労働者」は、好景気の日本の人手不足を補う新たな労働力として、1980年代半ば以降に急激に増加したことは周知のとおりだ。1990年代に入ると、日本人との国際結婚や、夫が先に入国して生活のめどを立てたあとに本国から家族を呼び寄せたり、日本で同国人と結婚し、子どもが生まれるといったことが見られるようになっていた。バブル経済崩壊後、子どもが学齢期に達する前に帰国していく家族がいる一方で、確実に日本で生活基盤を築き、定住していく傾向も顕著になっていた。現在、非正規滞在となっている子どもたちは、日本で生まれている、あるいは幼い頃に親と一緒に日本に来た2世たちがかなりの割合を占めているだろうと推測される。

　「不法滞在外国人」から不法の2文字が取れ、合法的な在留資格を得る可能性は、日本人との結婚などのケースを除いてほとんど不可能だった。何年、日本にいても延々と不法状態に置かれる。それは日本で生まれている子どもでも同じ

だ。親が「不法滞在」であれば、同様に「不法滞在」のままである。唯一の可能性として在留特別許可があるが、かつては日本人と血縁関係にない子どもたちが認められたことはなかった。

　私が2000年末までボランティアとして関わっていた東京都板橋区の市民団体APFS★2では、1999年に在留特別許可一斉行動★3という運動を起こした。日本で育った子どもたちを含む家族や、単身者ではあるが、仕事中に労災事故に遭った人たちへの正規の在留資格を求め、99年9月1日、5家族、2個人の計21名が東京入国管理局へ出頭し、在留特別許可を願い出たのだ。このうち、労災事故の単身者については認められなかったものの、日本育ちの子どものいる家族には、翌2000年2月に4家族16名に在留特別許可が認められた。在留特別許可は法務大臣の自由裁量によって決定するとされているため、許可の基準は今も明らかにされてはいない。が、子どもを含め、日本人と血縁関係のない人たちに在留特別許可が認められたのは公には初めてのことであった。少なくとも法務省が「子どもの権利条約」にもある「児童の最善の利益」を守るため、日本で育った「不法滞在」の子どもたちの実情を考慮したことと受け取れる、これまでにない画期的な結果であった。

　本稿では、在留特別許可一斉行動をはじめとしたAPFSの活動のなかで出会った、主にイラン、バングラデシュなどアジアから来た子どもたちの事例をもとに「不法滞在」の子どもたちの現状を報告していきたい。

先の見えない不安

　子どもたちの多くは日本の幼稚園、保育園、公立学校に通い、日本の教育を受けて育っているため、「不法滞在」という言葉から受けるイメージとは裏腹に、その日常は基本的に日本の子どもと大差はない。ただ、ある日突然、入国管理局の摘発を受け、強制送還されるかもしれない不安と緊張を抱えながら暮らしていることは確かで、それは子どもの大きなストレスにもなっていることは容易に想像がつく。

　子どもにとって、本国へ強制送還され、現在の生活を根こそぎ奪われることは大人以上に大きな意味を持つ。低年齢で入国していたり、日本で生まれていたり

すると、日本のことしか知らないのである。日本の学校に通い、日本語を母語とし、日本の習慣、文化、価値観を身につけて成長し、本国の言葉は親や親の同国人の友人と交わす日常会話程度で、読み書きが十分ではない。本国といっても、外国に投げ出されるような感覚があるのだろう。本国の文化、習慣や宗教的な規律にすぐ馴染めるのか、学校はどうなるのか、今まで日本で学んできたことは無になってしまうのかなどといった不安は、日本に適応すればするほど大きくなっていく。そして、それはそのまま将来の展望が持てないという不安にもつながっていく。

在留特別許可一斉行動のときに子どもたちが法務大臣に宛てていくつかの手紙を書いたのだが、どの子も共通して訴えていたのがこの点だった。

もちろん、親の側もそれをよしとしているわけではない。「いつかは国に帰らなければならないのだから」と意識的に母語を使わせようとはするのだが、子どもの成長に従って困難になってしまうことが多いのだ。

たとえば4歳で来日したイラン国籍の少女の場合、保育園、小学校に進む一方で、母語の保持と、宗教的な習慣を身につけさせたいという親の希望で、大使館の日曜教室に通わせたり、親も家では極力ペルシャ語を使う環境と機会を作っていたという。しかし、年齢が上がれば上がるほど、日本語や日本の文化を吸収していく子どものスピードが上回り、母語を使うのを嫌がるようになり、日曜日も子ども同士のつきあいが優先されるようになった頃、日曜教室にも通わなくなってしまった。

別のイラン国籍の家庭では、子どもが日本社会に適応する前に帰国したいと、学齢期に達しても学校にあえて行かせなかったという。このケースの場合は、周囲の日本人の勧めで1年遅れで小学校に入学した。

ここ数年、ブラジル、ペルーなど南米から来ている日系人の子弟への母国語教育の必要性がいわれ、問題点が指摘されながらも日系人の子弟を対象とした外国人学校も数多く設立されている。しかし、非正規滞在であるうえに、同国人は学校で1人か2人といった圧倒的な少数派では、同じような環境は望むべくもない。日本に適応することでしか教育の機会はなく、多様性が尊重されることもほとんどない。外国籍の子どもといっても、巷でいわれるバイリンガル、あるいはマルチカルチャラルな子ども像とはほど遠いといっていいだろう。それが非正規

滞在外国人の子どもたちの実情である。

アイデンティティの揺らぎ

　子どもの抱える不安の要因に、在留資格以外に、自分の生まれた国、国籍のある母国がどういう国なのかがわからないという、いわばアイデンティティが確立できないがための漠然とした種類の不安も感じられた。

　非正規滞在の状態では、気軽に里帰りをするわけにはいかないため★4、幼児期から日本で暮らしている子どもたちは、本国の記憶がほとんどないまま成長している。そのため、親や周囲の大人、本国からのビデオ、新聞、雑誌、さらには日本の新聞やテレビなどのマスメディアといった二次的、三次的な情報でしか本国の情報が得られない。なかでも最大限の情報源は親であるため、親の子どもへの働きかけは子どもの本国観に大きな影響を与えていた。親がなんらかの理由で本国に嫌悪感を持っていたりすると、確実に子どもは本国を嫌っていたし、そうでない場合でも、ネガティブなイメージを持っている子は少なくなかった。日常の中の「宗教（的な規律）が厳しいから、この子は国で暮らすのはたいへんだ」といったちょっとした親の言葉が子どもの心に蓄積され、本国へのイメージが構築されていくのだろう。年齢が上がり、思春期の多感な時期に差しかかっている子は、なおさらその傾向が強くなる。

　私は心理学の専門家ではないので、きちんと調査をし、分析したわけではない。あくまでもAPFSの活動を通じて、多くの非正規滞在の子どもたちに接したうえでの実感ではあるのだが、「先進国日本」と比べ、「経済的に遅れている」「宗教的な規律が厳しい」「女性は自由に行動できない」などの理由から「そんな国では生活できない」と、短絡的に口にする子が多かった。そういったイメージが、アジアの国々をよく知らない日本人が持ちやすいステレオタイプのものであったこともとても気になっていた。

　だからといって、学校を中心とする日本の社会が心地よいかといえば、それはまた別問題。ある高校生の少年は支援者の集まりで自作の作文を読んだときのささいな失敗を気に病み「もう、作文なんか読まない」とふてくされ、事実、それ以降そうした集まりで自分から発言することを拒否するようになった。中学生の

少女は、電車に乗ると「外国人だから」とじろじろ見られるのが嫌で、私服での外出はいつも帽子を目深にかぶっていた。彼女は「オーバーステイが友だちにわかったら、いじめられちゃう」と、街頭での署名活動や顔を出さない条件のマスコミ取材ですら拒否し、不特定多数の前に顔を出すのを極端に嫌がった。もちろん、思春期特有の心理状態であったり、個々の性格的な面もあるのだろうが、そういった人の目を過剰に意識したり、集団の中でなるべく「浮かないように」慎重に行動していることがうかがえるような場面は何度もあった。

　子どもの感受性はとても柔軟である。数年に1回でも里帰りをし、国のようすを自分の目で見て本国の家族や親戚と密に関わり、自分の根っこを確認してくることで、言葉にはできない安心感を得たり、日本での生活をもう少し客観的にあるいは批判的に見たりもできるのだろう。それができない非正規滞在の子どもたちは、アイデンティティを確立しにくく、精神的にも宙ぶらりんの状態に置かれているといえるだろう。

浮かび上がりにくい未就学

　学校に通い、日本社会と接点を持ちながら生活する子どもたちがいる一方で、深刻なのは、学齢期に達しているにもかかわらず、学校に行っていない未就学の子どもたちが少なからずいるであろうと推測されることだ。

　最初にも触れたように、そもそもどのくらいの子どもたちが「不法」状態で日本に滞在しているかの明確な数字が出されていないため、実態はまったく把握できていないのが現状である。私たちが知りうるのは、地域の人が未就学を心配して世話をしてくれたり、同国人のつてをたどって支援団体と接触してくるといったケースで、それ以外に関しては、表面に出てこないため、見えない存在となってしまっている。非正規滞在の子どもたちの最も大きな問題は、この「未就学の子がいったいどのくらいいるのかがわからない」という点にあるだろう。

　たとえば、ある支援者から受けた報告によると、10歳を頭に8歳、7歳、5歳、2歳の5人の子どもがいるフィリピン人家族は、日本人はおろかフィリピン人との接触も避けていて、引きこもっているような状態にあるという。両親は仕事場と住居を往復するだけで、日中、子どもたちはアパートの部屋の中でテレビだけを見

て過しており、支援者やシスターが訪れても出てくることはない。私が実際に関わったケースではないので、詳細は不明であるが、警察や入管の摘発を恐れてのことであろう。

　親子ともども同国人との関係まで絶つとまではいかなくても、非正規滞在の発覚を恐れて子どもを学校に行かせなかったり、幼児を抱える家庭では、共働きの両親に代わり、兄や姉が学校に行かずに、日中、子守をしているというケースには何度か出会ったことがある。子どもを学校に行かせることで摘発のリスクが高くなることを恐れるだけではなく、非正規滞在であることが理由で学校に行けないと思っている場合も少なくない。

　また、親たちが、とにかく少しでも多くのお金を稼ぎたいとの気持ちが優先してしまい、子どもの教育が後回しになってしまっているケースもある。ここ数年、義務教育年齢にもかかわらず10代前半の日系人の子弟が工場などで働いているケースが問題となっているが、非正規滞在の子どもたちにも同様の問題が起こっていることは十分に考えられる。

　さらには、日本で生まれたものの、なんらかの理由で無国籍状態に置かれている子どもも相当数いるだろうといわれるが、こちらも実態を把握するのは難しい。

　ただでさえ「不法」という不安定な状態に置かれている子どもが、教育を受ける機会や同年代の子どもと接する機会がないまま育っていくことが心にどれだけの悪影響を与えるかは計り知れない。できるだけ早くなんらかの対策が必要なはずだが、行政はもちろん、支援団体の手すら十分に届いていないのが現状だ。

個々の状況を鑑みた判断を！

　「私、就職が決まったんです。翻訳会社。正社員ですよ。もう、すごいよかった！親もすごい喜んでくれているんです！」

　先日、こんなメールが私の携帯電話に入った。99年9月1日に出頭し、翌年の2月に在留特別許可が認められた当時高校1年生のイラン国籍の子からだった。今どきの子らしいカラフルな絵文字付きのメールいっぱいに就職が決まった喜びが溢れていた。

　彼女は今年21歳。在留特別許可が認められた後、高校を無事に卒業、翻訳

や通訳の仕事をめざし、語学の専門学校でアラビア語を勉強し、2004年の春に卒業したものの、思うような就職が決まらずアルバイトをしながら職を探していた。決まった就職先は彼女がやりたい仕事に最も近い職場だったため、私も心の底からうれしかった。

出頭する前は本国イランを嫌い、強制送還される不安から「イランに帰国するくらいなら自殺する」と言って親を困らせていたが、在留特別許可が認められ、休みを利用して10年ぶりに帰国したことが、彼女の思いを一変させた。それまでは使いたがらなかった母国語のペルシャ語を深く学び、イランと日本の架け橋になるような仕事がしたいと口にし始めたのだ。イランで親族に会い、その優しさに触れ、自分のルーツを確認してきた彼女の中で凍っていた何かが氷解した、帰国した彼女と会ったとき、そんな印象を受けた。それは、彼女だけではなく、在留特別許可が認められ里帰りしてきた子どもたちに大なり小なり共通して見られる変化だった。人、物、金、そして情報が猛スピードで地球を行き交う時代に、母国と直接的な接点を持てずに、また今いる場所にも居場所を見出せずに子どもが成長していくことの意味の重さを、あらためて見せられたような思いがした。

在留特別許可一斉行動以降、子どもを含む非正規滞在の家族の在留資格を求める動きは散発的に起こってはいるものの、よい結果に結びつかずに裁判になっているケースも少なくない。先にも触れたように、非正規滞在の子どもが正規の在留資格を得るには、在留特別許可を願い出るしかない。これまでの実績から判断すると、滞在10年、子どもの年齢は中学生以上が基準かとも考えられるが、その条件を満たしているから確実とはいえないのが難しい点だ。同時にその条件そのものへの疑問も残る。

在留特別許可一斉行動では、滞在年数、家族構成、経済状態にそれほど差はなくても、子どもの年齢が1つ違うだけで、許可、不許可の明暗が分かれてしまったケースもある★5。不許可になった一家は、その後、裁判の場でその不当性を争い、一審の東京地裁では勝利し★6、二審の東京高裁では敗訴★7となってしまった。一審では10年以上、日本で暮らしてきた長女に対し「その生活様式や思考過程、趣向等が完全に日本人と同化しているのであり、イランの生活様式等が日本の生活様式と著しく乖離していることを考慮すれば、それは単に文化

の違いに苦しむといった程度のものにとどまらず、原告長女のこれまで築き上げてきた人格や価値観等を根底から覆すもの」★8とされたが、二審の東京高裁では非情にもそれが取り消されてしまい、また振り出しに戻ってしまった。現在、最高裁に上告中である。

　当時6年生だった長女は保育士をめざし、4月から私立高校の保育科に入学、4歳だった次女は小2になった。成長した2人の姿を見ると、結果が出ないまま時間だけが過ぎていくことが子どもにとってはどれほど残酷なことかと思わざるをえない。不許可の採決が下された99年当時とは状況が大きく変わっているため、再審の申立ても行っているが、まだまだ先の見えない状態が続いている★9。

　外国人の「不法滞在」「不法就労」が急増し、社会問題化してからかれこれ20年になる。今も21万人以上もの人が「不法」で放っておかれながらも、「不法滞在外国人」というと犯罪の温床であるかのような報道ばかりが目立ち、ここ数年その傾向がますます強くなった観がある。「不法」と単純に切り捨てるのではなく、日本で普通に生活してきた事実を重く受け止め、もっと個々の状況を鑑みた判断を出してほしいと切に思う。

★1　朝日新聞2000年2月3日朝刊「イラン人一家に在留許可」。
★2　日本に住む外国籍住民と日本人とが隣人として共に生き（多文化共生）、助け合うことを目的に活動している。労働、医療、生活など、外国籍住民が抱えるさまざまな問題を解決するための手助けをする相談活動を中心に、シンポジウムの開催、バスツアーなどの交流活動、アジア各国の文化を紹介するイベントの開催などさまざまな活動を行っている。正式名称はASIAN PEOPLE'S FRIENDSHIP SOCIETY。http://www.jca.apc.org/apfs/
★3　詳細は『子どもたちにアムネスティを──在留特別許可一斉行動の記録』（現代人文社・2002年）を参照。
★4　退去強制処分（強制送還）を受けた者は現行法では5年間日本に再入国できないと定められている。
★5　2000年6月30日に5家族に法務大臣の裁決が出され、1家族に許可が認められ、4家族が不許可となった。不許可の2家族と許可が出た1家族は滞在年数も経済状況にも差はなく、違っていたのは、子どもの年齢が中学2年生か6年生かということだけだった。
★6　2003年9月19日、東京地裁（藤山雅行裁判長）において退去強制令書発付処分の取消しが認められた。同年10月2日に国側が控訴。
★7　2004年3月30日、東京高裁（村上敬一裁判長）に「原判決を取り消す」と言い渡された。
★8　APFSのホームページより抜粋。
★9　2004年8月1日現在。

入管行政の狭間であえぐ子どもたち
学校現場でどう取り組むか

林 二郎 ●東大阪市教職員組合

はじめに

　子どもが突然、学校に来なくなり、家庭訪問してももぬけの殻。1999年秋から2000年初めにかけて、東大阪市はじめ大阪各地の学校に在籍する中国からの子どもたちの「強制収容・退去強制」が頻発した。
　私たちは、教職員加配制度を活用して配置されている中国人講師、外国人問題に取り組むNGO、弁護士、ジャーナリストと連携し、「子どもの権利条約」に関わる教職員組合の課題として6年にわたる取組みを重ねてきた。それまでの、在日朝鮮人の子どもの「本名を呼び、名乗る」学校づくりや、「違いを、豊かさに」をモットーにした世界の子らが学ぶ学校づくりや地域社会づくりの取組みとのつながりを模索しながら、国家と直接きり結ぶテーマへの6年に及ぶ挑戦となった。

小学生を入管に収容

　1998年12月、東大阪市で小学校5年の男子が両親とともに大阪入管の摘発を受け、大阪・茨木市の西日本入国管理センターに収容された。その年の夏頃から、知り合いの中国帰国者協会の会長を通じて、母親から在留資格の「心配ごと」の相談にのっていた矢先のできごとだった。学校に面会など必要な対応を

求めたり、組合の分会に嘆願署名など支援の運動を提起しつつ、組合顧問弁護士とともに私も面会に駆けつけた。収容施設のガラス戸の向こうに、監視されながら両親とともに現れた子どもには、声をかけるのがやっとだった。母親との行き来もできない処遇。50日を超える収容所での生活に、ふさぎこむ子どもの姿を見かねて、両親は国との争いを断念し、送還に応じた。不法入国取材班と署名した記事が新聞に出始め、別の新聞では「偽装入国者関西で数千人」と、一面トップで排外主義が煽られていた頃である。後にわかったが、すでに1997年4月、隣の大東市で小・中学生を含む家族が「強制収容・送還」されていたといい、このときは事態を飲み込めないまま担任の先生らが面会に行っていたという。

　小学校5年生の子が、2カ月近くも入管に収容されたうえ、強制送還。行政処分とは名ばかりの、明白な子どもの逮捕・拘禁であり、子どもの権利を定めた国際法違反である。再び同じことを繰り返させないために、何ができるのか。韓国（とりわけ大阪では歴史的経緯もあり済州島）からの「密入国者」の救援に関わってこられた牧師に相談するなど模索を続けた。

　その間も、春から秋、そして2000年3月までに、この2ケースを含め17家族計33人の児童・生徒が大阪府内で強制送還（うち21人の強制収容が確認）されるという事態が続き、摘発前の出国も合わせて少なくとも52人が学校から姿を消したことがわかった。

教育現場にうずまく疑問

　私たちは、手をこまねいているわけにはいかなかった。相次ぐ子どもの収容・送還に対して、教育現場にうずまいた疑問。「子どもを見届ける」と入管を動かず、生徒を仮放免させた（送還はされたが）教師がいた話を聞き、その姿勢に学ぶのだと自ら言い聞かせた。これら現場の声を受け止め、教職員組合としての動きをつくり、それが大阪教組から日教組本部、そして全国へ広がった。「子どもの権利条約」も生きて機能しなければお題目でしかなく、紙切れも同然。拷問等禁止条約の存在も初めて知った。それが決してどこか遠い国のことではないと実感もした。

　私たちが「子どもを守れ」と動けば、それを報道するジャーナリズムが健在で

あることも体験した。問題意識をもって取材を重ね、原稿を書き続けた記者たちの記事が、いく度となく複数の全国紙の一面や社会面などに掲載され、社会的共感が広がるのを実感できた。

地域社会の国際化を進めてきた市民の目線で、自治体や地方教育行政、さらには法務省とすら率直に対話を求めた「財団法人とよなか国際交流協会」の取組みに出会い、そのさわやかさすら感じる新しいスタンスの取組みに多くを学べた。

他方これらの動きに加えて、全国的には、支援運動の広がりのなかで、1999年9月のイラン人など7家族21名が東京入管に出頭した在留特別許可一斉行動の法務大臣裁決が近づいていた。また、中国残留孤児訪日肉親調査が1999年11月を最後に打ち切りとなり、この問題の転換期を迎えた情勢のなか、国会での質問要請などが関東の関係団体により野党に対して行われていた。

大阪入管の「方針変更」

これらすべての動きが交錯し相まって、2000年1月から2月にかけて、明らかに法務省・入管の「子どもの強制収容」について、その方針の変更があったと考えられる。以下がそのことを肌で感じたケースである。

❖家族は帰国したが子どもの学習権は保障されたケース

日中国交回復直前に子連れ同士で再婚した「残留」婦人と中国人の夫婦一家は、日本人との血縁を問う入管政策により家族が引き裂かれ、あげくは親族間で「偽装」入国を密告した、しないで正月に傷害事件まで起こしていた。

2月中旬、自主出国の約束をさせられていた5人家族の中学3年生が通う中学の校長とともに、私は、弁護士や支援者が在留特別許可の話し合いをすでに始めている入管の一室に駆け込んだ。校長である自分の名前を筆頭に書いた、その学校の教職員全員の嘆願署名を、弁護士に促されて校長自身から渡された入管の責任者が、確かにのけぞりながらも受け取ったと私には見えた。日本語を何も解せないまま入学し、服飾デザイナーになりたいと進路を確定するところまでともに育った仲間や教職員の意を受けた校長の「私らの子どもの希望を叶

えてやって」との迫力が伝えられた瞬間だった。

この家族5人も、特別在留不許可の法務大臣の裁決を争う裁判の結果を待たず、長期化する父親の収容に耐えられず帰国した。しかし、支援の取組みの広がりに支えられ、子どもの服飾専門学校3年間の学習は保障され、高校卒業と服飾関係の技能習得は実現した。

❖ 大学入学帰国後、留学ビザが発給されたケース

2000年3月1日、2歳の子と中学2年生を含む家族4人、別に小学生を含む家族などが、早朝一斉に摘発され、いったん入管に収容された。

しかしこれらのケースも、摘発当日の昼頃、母と子は自宅に帰されて在宅での調査、収容は父親のみとなった。とくに中学2年生と2歳の幼児を含む家族4人は、その後「強制送還は自分たち家族を殺すことと同じ」と在留特別許可を申請、4月末には不許可となり、5月末に同裁決の取消し等を求めて大阪地裁に提訴した。

子どもの強制収容は避けられた。しかし、父親の収容は、2年を超える長期に及び、母親ら3人の必死の生活が続けられ、2000年6月、両親と幼児の帰国、高校生の本人の在留、高校3年時に最高裁で敗訴確定。そして2004年に大学入学、いったん帰国、しかし、大きな世論を背景にした働きかけの結果、3カ月後に留学ビザが正式に出され、2004年7月復学した。

教育と運動

このように、中国からの偽装入国の子どもの強制収容問題は、多くの関係者の努力の結果、入国管理局が「子どもの通学を理由に違反者を収容しないことはできない」とした姿勢は社会的な批判にさらされ、1999年1月に小学校5年生を2カ月も収容したときのようなことは、今から4年前の2000年春の時点で、少なくとも大阪入管の関連ではなくなった。

これらの取組みの過程で、私たちは、日教組の取組みを知ってもらおうと、私たち東大阪市教職員組合の機関紙「白ボク」の中国語版を作り、中国帰国者の出入りする場所に置かせてもらった。子どもの権利の国際法の取決めを守ってと

全国的に取り組んでいる、と叫びたい衝動に駆られるような実態が進行していたのだ。そして反応があった。子どもが助かっていると感じられ、うれしかった。

　教科書の翻訳教材や、学校からの連絡文書の翻訳集などについては、行政の無策のなか、教職員組合が作成に取り組み、中国からの子どもたちの学校生活や学習に活用されてきた。だが、組合の機関紙を翻訳し、今運動していることを中国帰国者に知ってもらわなければならないときが来ようとは。年金の国籍条項撤廃の運動の成果を話して初めて、「本名を呼び、名乗る」学校現場の取組みに対して在日韓国・朝鮮人の親からの理解が得られたと語った先輩の話と重なる。

　次に少し長いが、中国人の指導者の果たす役割の大きさと、私たち日本人の課題を明らかにするため、私の元同僚の葉(イェ)老師の文章を引用する。

　　2003年春、3月13日午後、同僚でもある教職員組合役員の林先生から突然、電話をもらいました。「前から話している、大阪外大のC・Tさんを、今から学校へ連れて行くから会って欲しい。」私が返事をするかしないかのうちに電話が切れ、切羽詰まった様子がありあり。C・Tさんとは、それまで一度も会ったことがなかったが、彼女の一家四人が、6年前に中国残留邦人の親族と偽って日本に入国、2年前に国外退去の理由にあたると摘発され、在留特別許可を求めていること。また翌日に控えた、法務大臣の裁決で、特別在留不許可と強制退去命令が告知され、裁判で争う意思を示した場合、彼女と父親が強制収容されると判断していたため、弁護士や支援者との数回の話し合いの結果、在留が許可されるまで頑張ることを断念し、家族といっしょに中国へ帰国する意思を固めたこともあわせて聞いていました。

　　その段階では、私には何の罪もない子どもたちが、日本で在留資格のないまま、辛い日々をおくるより、中国へ帰って堂々と生きていってほしいという思いがあったので、彼女の一家が帰国を希望しているのであれば、帰国した方がよいと考えていました。

　　十分後、中学校の校門から重い足取りで、林先生の後ろから校舎の方へ歩いてきた彼女に初めて会いました。魂がないような弱々しい姿でした。教室まで案内したが、初対面のためか、ずっと唇を噛みしめたままでした。こ

の日は、私と会った後、弁護士たちと会うことになっていたため、時間がどんどん迫ってきていました。

　私は、「すべての心配事を横に置いて、自分の気持ちを率直に話してみてごらん」と話しかけました。

　彼女は急に大粒の涙をこぼしながら、「先生、いま自分がどうしたらいいか、本当にわからない！」「明日の裁決で不許可になれば、父と私は収容される可能性がある（昨年夏から、在留特別許可をもとめていた中国人の大学生が、不許可の裁決と同時に強制収容される例が相次いでいた）。家族が離ればなれになったら、病弱の母と妹二人では、とても生活ができないので、家族で相談した結果、不許可の裁決が出たら、中国へ帰国することに決めました。」と、一気に話しました。その時、私は彼女の気持ちの中に迷いを感じたので、率直に「あなたの本心は？」と問いかけました。

　「日本で学業を続けたいですが……」と殆ど聞こえない小さい声での返事。「でも、いまの状況を見れば、収容されている大学生のLくんたちは、いつ仮放免されるか、まったく見当がつかない。自分も同じ運命になるんじゃないかと心配している」とまた涙をながしながら続けました。「支援してくれている人たちから、自分の思いをマスコミを通じて世間に知らせるように薦められましたが、今の自分を大学の日本人の先生や友人に知られてしまうことがとても怖く、告白する勇気がない。自分がすごく罪悪感を感じているから……」と、助けを求めるように私を見つめました。

　私は、いまの彼女にとって、慰めや励ましよりも、彼女が置かれている現状と将来を分析し、自分の運命をよりよく決断できるアドバイスがもっとも大切なんだと感じました。そして、つぎの二つの理由で、私は彼女に学業を続けるように頑張って欲しいと考えが変わっている自分に気が付きました。一つは、03年の4月から彼女は大学三回生になることです。つまり、あと二年間頑張れば、日本で大学を卒業する夢が叶うこと、そのために、いま直面している困難にチャレンジしてみる価値があると思うことです。二つ目は、彼女から学業を続けたい思いを強く感じたことです。彼女は、自分のために家族を辛い思い（強制収容、引き離され）をさせる、申し訳ない気持ちと、日本人の先生や友人に本当の自分が知られてしまうプレッシャーとの闘いの

中で、彼女は学業をあきらめる選択をしました。しかし、心の中では、継続したい望みを持っていると私が強く感じました。

そこで、私は次の私の思いを話しました。①あと二年間頑張れば、日本で大学を卒業する念願が叶えられるから、裁決後入管に収容されることを覚悟した上で、日本に残る決意をしてほしい。②親にとって、子どもが自分の夢に向かってしっかり歩むことが、なにより安心できることであり、子どもにとっても、一番の親孝行となること。例え、学業を継続することを選ぶことによって、彼女のご両親と離ればなれになっても、彼女自身がしっかり学業に励めば、ご両親もきっと安心して彼女を応援します。③自分の希望を果たすためには、多くの支援者に支えられる必要があるので、マスコミを通じて皆さんに伝える勇気を出し、記者会見に臨んで欲しい。④中国残留邦人の家族と偽って来日したことは、自分に罪があると思う必要はなく、今まで努力してきた自分を反対に誇りに思ってほしい。いま決断しなければ、永遠に後悔することになると思います。そして、何よりも、記者会見で公開してしまえば、気持ちがきっと楽になります。

しばらくの、沈黙の後、彼女は穏やかな表情で、横に座っていた林先生に向かって「いまから記者会見をお願いしてもまだ間にあいますか?」と尋ねました。そこから、彼女はご両親に、林先生は支援者や記者たちに彼女の決意を伝える電話の声で、教室は埋め尽くされました。記者会見は当日夜7時、弁護士事務所で行われました。

翌14日、裁決の日の早朝、彼女に電話し「これからが一番大変だが、落ち着いて対応してください。きょうの春日和もあなたを祝福してくれてるよ」と、伝えました。その日は授業で入管について行ってやることができず、落ち着かない時を過ごしましたが、前日別れる時「先生と話しした後、落ち着かなかった気持ちが、いままでになかった穏やかな気持ちになりました。」と、ほほ笑みながら私に話した明るい顔を思い浮かべ、きっと何か新しい進展があると確信していました。

後で聞くと、その日正午から、入管の玄関前でTVカメラに向かって「もし私を収容するのであれば、日本政府こそが罪をおかしたことになる」と言い切ったとのこと。1時間以上待ったあと、弁護士を通じて聞かされた結果

は、特別在留は不許可だが、他の家族の帰国を条件に、彼女が大学を卒業するまで仮放免（強制収容なしで）のまま日本に残れるとのことで、裁判で争う必要もないとのこと。胸の中の大きな石を下ろしたようにホッとしました。ご両親と妹は帰国することになりましたが、彼女の夢（日本で大学を卒業すること）が叶い、本当に良かったと思います。

　今回の「勝利」は、彼女が学業を継続する権利を奪われたくない強い意思があったからこそ実現したものです。彼女の素晴らしい勇気をたたえます。02年の夏から、在留特別許可を求める中国人の男子大学生が引き続き収容されている状況の中で、彼女の「勝利」は明かりを灯してくれたように思います。もちろん、これは多くの支援者たちが支えてくれたおかげです。支援されている中国人の子どもたちも、その親たちも、きっと私と同じ思いです。彼（彼女）たちは、様々な辛い体験に鍛えられ、皆強い意思を持って、日本でそれぞれの夢に向かって頑張っています。彼（彼女）たちは、日中のかけ橋になる人材になると信じています。　　　（「解放教育」2003年10月号より）

問題の背景

　21,000人といわれる「残留」孤児・「残留」婦人とその家族など国費中国帰国者、彼（女）らに呼び寄せられた子どもや孫たちなどの関係者推計約10万人に関わる歴史についての問題意識が、私自身を含めわが教育現場にずいぶんと低いのが現状であり、このことが問題の取組みを難しくしているひとつの原因ではないか。国策として進められた「満洲」移民の歴史までは共通認識としてあっても、敗戦後の、「残留」などではなく「棄民」と言うべきだといわれている歴史とは何なのか。日中国交回復後81年からマスコミに大きく取り上げられた訪日肉親調査は、30回とも毎回社会的に関心が持たれたが、肉親と再会できた人、またできなかった人が「肉親探し」の後どのように生きていたのか。1993年9月の「残留」婦人12名の自費「強行」帰国はなぜ「強行」でなければならなかったのか。「中国残留邦人などの円滑な帰国の促進と永住帰国後の自立促進法」の公布はなぜ戦後50年を経た1994年4月なのか。これらの「なぜ」を考えて初めて、

1994年から3年間の中国帰国者の急増と、そしてこのなかに存在した偽装入国家族への認識が深められるように思う。

　私たちはまた、仲間である中国人の王克非先生らに、2000年5月連休を利用して中国黒龍江省方正県に退去強制された子どもと家族を訪ね、送還後の生活の聞き取りに行ってもらった。報告書の就学状況の欄には「高校中退」「義務教育放棄、日本語学校通学」「登校拒否」「留年、学力不可」が並ぶ。親の就職状況、生活状況欄は、「無」と「不安」。住居の確保で借金地獄、食事すら親戚の援助。病気になることが一番の心配。そしてなにより辛いのは家族の心のショックだという。子どもに真相を言えていない親。友だちのできない子。親も子も日本と日本の学校が今も好きだと。調査の帰り、立ち寄った故郷のハルピン市で、王先生は友人から「昔、日本人の残留婦人・残留孤児たちはみんなノーパスポート、ノービザで中国で生活をしていた」と皮肉を言われたそうだ。そして「成長段階の大事な時期に勉強の権利を奪われたことは、どこの世界でも許されない」と自らも訴え報告を結んだ。

むすび

　2000年4月、参議院に提出された内閣総理大臣森喜朗名の答弁書によると、1999年1年間で全国で新たに収容された就学年齢の子どもは300名近く。その半数は中国からの子である。

　ふだん温厚な前出の元同僚（台湾出身）が、提訴に及んだ前記中学3年と幼児の家族の状況を聞いて「入管は何を考えているの！」と怒りをあらわにし、「アメリカではオーバーステイの自分の友人である親に、子どもの就学案内が来たというのに」と顔を曇らせて語ったのを今でも思い出す。彼女もやはり日本を大切に考えてくれている。私にはそう聞こえた。

　法務省や入管の壁がどんなに厚くとも、目の前の子どもの権利が疎外されることに目をつぶるわけにはいかない。手探りでも「子どもの最善の利益」（子どもの権利条約）を追求する。孤立する子どもを、子ども同士つなぐ。中国の先生とつなぐ。支援してくれそうなあらゆる人とつなぐ。未来を開く子どもを応援するのに何の遠慮がいるのだ。動いたあとに必ずネットワークができる。

「子どもの権利ネットワーク」の結成とその取組み

草加道常●RINK（すべての外国人労働者とその家族の人権を守る関西ネットワーク）事務局

プロローグ

「先生、助けて」。

職員室へ駆け込んできた子どもがいた。小学校3年生の中国籍の子どもだった。職員室にいた教師が事情を聞いた。

入国管理局の職員が自宅にやって来て、母親を連行しようとしているのだという。その子はそのようすを見て、慌てて学校に助けを求めにやって来たのだ。

＊

学校の日本語指導員に、中国人の保護者から相談があった。

「『在留更新は認められない。帰国準備をしろ』と入管に言われた。どうしたらいいでしょう」。

日本語指導員は、学校で日本語指導を担当している。実際には保護者への通訳を行ったり、日本語教室で母語保持の取組みをしていたり、子どもたちや保護者の相談を受けるなど、日本語指導以外の仕事が多い。

「日本語指導員」という名称はその仕事の実態を正しく表していない。しかし文部科学省も教育委員会も頑なにこの名称を堅持しようとする。学校の中で外国にルーツを持つ子どもや保護者からの相談が多く寄せられるのは、日本語指導員である。最も信頼されているからだ。

＊

弁護士事務所に外国人女性から離婚の相談があった。ドメスティック・バイオ

レンスがあり、彼女には離婚の正当事由があった。

　弁護士との相談のなかで、彼女には前夫との間の外国籍の子どもがいて、現在日本の学校に通っていることもわかった。その子は日本の生活も5年になり、母語では簡単な会話しかできなくなっていた。

　離婚すると、子どもも含めて在留資格を失うのではないかと心配し、離婚に踏み切るかどうか躊躇していた。

＊

　学校からNGOに電話が入る。中学校の教頭からだった。

　「うちの生徒が入管に家族ぐるみで連行されました。なんとかしてやれないでしょうか」。

　よくある光景だった。

　「できるだけのことをやってみましょう。しかし、ほとんど何もできないですよ」。

　これもよく聞く答えだった。

　NGOスタッフはその学校に出かけていき、家族の事情や現在の状況を聞き、これから行われる手続きと今後の見通しについて説明した。

＊

　学校、日本語指導員、弁護士、NGOにこのような相談が日々行われている。

　そのなかで、事件は起こっていた。

前史

　1997年になって、中国残留日本人家族として来日する人数が多すぎると、大阪入国管理局は入国審査を厳しくした。すると、申請者の7割が残留日本人家族であることに疑義を持たれ、在留資格認定証明書の交付を拒否されることとなった。そのため、これ以前に中国残留日本人家族として入国した者の再審査が大阪入国管理局の重点課題となった。

　1998年にはすでに、帰国を余儀なくされた家族や強制送還された家族のことでそれぞれのところに相談が入ってきていた。だが、これから起こることを誰も予想しなかった。

　1999年、この年の夏に異変が起こった。大阪府の東部にある複数の自治体

でのことだ。中国残留日本人の家族の多いこの地域では、例年なら夏休みを利用して中国への長期の帰省を行う家族が多かった。ところがこの夏は「中国に戻ることにしました。ありがとうございました」と別れを告げる家族が目立った。「家族の事情で」と言われ、それ以上聞くことは難しかった。

　夏休みが終わっても学校に戻って来ない子どもがいた。やはり家族も戻っていなかった。近所の人に聞いても詳しいことは何もわからない。学校の日本語担当の教師や日本語指導員は何かしら異変を感じていた。

　そして運動会の終わった頃、数家族が入管に摘発される事件が起こった。摘発の事実がわかったときには、それらの家族のほとんどはすでに中国へ帰されていた。日本語担当の教師や日本語指導員は、この夏の異変とはこういうことだったのかとうすうす感じとった。

　そのなかに高校3年生になる中国人の生徒がいた。あと半年足らずで卒業だった。秋のある日の朝、入国管理局の職員が自宅にやって来て家族全員を連行した。学校に休むという連絡があって、どうやら入管に摘発されたとわかってきた。その後、この子が参加していた外国にルーツを持つ子どもたちのサークルを中心に、関係する国際交流団体からも「みんなと一緒に卒業させて」という声があがった。入国管理局への嘆願署名が集められ、届けられた。しかしその声は入国管理局には届かず、卒業まであと2カ月というところで強制送還させられていった。

　1999年当時、子どものいる家族が入国管理局に摘発されると、子どもも含め家族全員が収容されていた。子どもの仮放免を求めても、帰国に同意した場合のみ「帰国準備のため」として短期間の仮放免を認められることが稀にあるだけだった。

　収容されてしまうと、強制送還の対象であるかどうかの審査の結論が最長で60日以内になされる。しかも、真正な在留資格を持っていることの証明は本人に負わせられている。中国残留日本人家族の場合、入国管理局が摘発するケースのほとんどは、中国残留日本人家族ではないのに日本人家族と偽っているとの疑いを持たれていた。

　本人たちが収容されたままで疑いを晴らすことは不可能だった。そのため入国管理局の審査の結果、強制送還の対象であるとの裁決がなされ、それに基づい

て退去強制令書が出された後に、その裁決と退去強制令書発付の取消しを求めて裁判を起こすしか方法がなかった。退去強制令書による収容には期限がない。子どもに無期限の収容を強いることを子どもの親たちは望まなかった。

相談を受ける側は時間との闘いを求められた。しかも同じ日に何家族もが摘発され、その対応に追われている間に新たな摘発があるという具合だった。多い日には15家族が出頭を求められ、子どもたちの関連校は小学校、中学校、高校の8校に及んだ。個々のケースごとに相談を受けてももう追いつかないことが誰の目にも明らかになり、相談を受ける側の共同した取組みの必要性が共通認識となった。

こうして、ネットワークが誕生していった。

「子どもネット」結成へ

1999年後半からの摘発・収容の急増を受けて、学校や地域を中心になんとかしなければという声が起こってきた。

「子どもを収容するな」「学校に連絡を」「収容施設で家族を分離するな」「子どもの教育を受ける権利を守れ」「子どもの在留を認めろ」とさまざまな要求が出された。こうして次々と取組みは始まっていった。

「RINK（すべての外国人労働者とその家族の人権を守る関西ネットワーク）」は、1999年末の総会の特別報告で、相当数の子どもの収容が入管によって行われている実態を明らかにし、この問題への取組みを継続することを宣言した。

「とよなか国際交流協会」は「すべての子どもの発達および教育を受ける権利を守るためのネットワークづくり事業」を1999年末に立ち上げた。東大阪では東大阪市教職員組合を中心に、「外国人児童生徒の『強制収容』及び在留資格問題を考える会」が2000年1月に結成された。

さらにとよなか国際交流協会と日教組は、子どもたちの「教育を受ける権利」を求める署名を行い、「子どもの収容をしないこと」「子どもの在留を認めること」を求めた。短期間にもかかわらず、それぞれ122団体11,380名と46,419名の署名が集まった。署名は、とよなか国際交流協会が2000年3月24日に法務、文部、外務、厚生の4省へ、日教組が3月29日に法務省へ提出した。

これらの取組みのなかで、2000年3月1日に摘発された4家族のうち、子どものいる2家族については子どもと母親の仮放免が認められた。父親の仮放免は認められなかった。このとき仮放免されたなかに、当時中学2年生だった周さんがいた（本書71ページ参照）。
　こうした各団体での取組みと、「子どもの収容をやめろ」「子どもの在留を認めろ」の共同キャンペーンが行われ、9月4日に「退去強制手続と子どもの権利ネットワーク」（略称「子どもネット」）が結成された。

　昨秋以降、学校に在籍する児童・生徒を含む家族が収容されるケースがあいついで表面化してきた。「何とかならないか」という現場の声をうけて、取り組みがはじまった。当初、「子どもの収容をやめろ」「在留を認めろ」という2つの要求を掲げてきた。取り組みとしては「子どもの収容をやめろ」を優先してキャンペーンを行ってきた。
　その結果、入管の対応が変化してきた。摘発された家族に子どもがいるケースでは、父親のみを収容し、子どもと母親は仮放免している。現在わかっているところでは、今年の2月の在特を求める21人のケース（東京）で変化があった。在留更新不許可となった家族は、父親のみ収容するという対応をしている。大阪では、3月1日の中国人4家族で同様の対応をとっている。昨年末の段階ではまだ全員収容しており、年明け後、本省判断として政策変更があったと考えられる。
　摘発されたそれぞれの家族に対して、見通しなどを説明する取り組みを行ってきたが、今春以降、中国人家族のなかで在留特別許可を求めるケースがでてきた。しかも、条件のきわめてきびしいケースが多く、個々のケースごとの対応では入管からの譲歩も引き出せないまま、各個撃破されていくだけでしかないだろう。
　その中で在留特別許可を求めるネットワークをつくってはどうかとの提案があり、そのための集まりを持つこととなりました。
「退去強制手続と子どもの権利ネットワーク」呼びかけ文（2000年8月9日）

「子どもネット」としての取組み

　ネットワークが結成された2000年夏、このときも摘発の嵐が吹き荒れていた。相談の数は急増し、いったいどこまで増えるのか先の見えないままそれぞれのケースに対応していった。会議では毎回20件ほどのケースの相談が検討されていた。参加者がそれぞれの専門分野からケースについての意見を出し、今後の対応について検討する作業が続いた。検討の結果、学校にとってもらいたい対応や支援者たちができる行動などをそれぞれ学校と支援者に連絡し、裁判が必要なケースは弁護団を準備した。

　ネットワークは、これまで個々の相談窓口が対応してきたケースに対して、専門的な意見を踏まえて具体的な対応策を呈示してきた。さまざまなケースの事例が集められるようになっていった。

　「子どもネット」の結成と前後して、強制送還された子どもたちからの聞き取り調査を行い、収容時のようすと強制送還後の状態について明らかにする取組みもなされた。

　調査は、強制送還された子どもの多い中国黒竜江省方正県を中心に行われた。方正県は、日本人となんらかのつながりのある人が人口の2～3割を占めるほど日本とのつながりの強い地域だった。対岸の通河県は日本軍に見捨てられた「満蒙開拓団」が引き上げのために命からがらやって来た集結地だった。そしてこの方正県には日本人難民キャンプが存在したからだ。

　ここで「渡日ブーム」が起こった。親族になれば日本に行けるという安易な情報が多いため、「中国残留日本人」にお金を払って形式上日本人の子どもとしてもらうこともあった。それが法律に反するという認識はなく、当然の対価として受け止めていることが多かった。

　8月後半の約2週間にわたる調査のなかで、次のようなことが明らかになった。

　第1は、子どもたちは全国で強制送還されていたこと。中国残留日本人家族は関東各県にも多く、そこに住んでいた子どもとも面接ができた。

　第2は、摘発された後、収容施設に移ってから家族全員が一度に顔を合わせることはなかったこと。収容施設にいる間、同室には他の成人も一緒だったことなど、子どもを収容するにあたっての国際基準を満たしていないことが明らかと

なった。

　第3は、日本語も中国語もどちらもうまく使えなくて学校に行けないという子や、学年を落としているがなかなかついていけない子が多いこと。生活言語としての日本語はあっても学習言語（学校の授業についていけるだけの言語能力）としての日本語が未確立な子どもが多いこと。日本語の習得が母語である中国語の喪失を伴っていたことによって、中国語でも日本語でも学習言語を確立できず、学習に困難が生じていた。このように日本の学校における子どもたちへの取組みの問題点も明らかとなった。

　第4は、日本の友人や教師などと切り離され、社会的基盤を失った喪失感が強く影響し、中国で積極的に生きていく意思が形成できずにいたこと。

　第5は、摘発されてからの違反審査の中で、「『両親は日本をだまそうとした悪人だ』と言われ、とても心が傷ついた」と、入管審査官に罪悪感を持たされたとの訴えが複数あったこと。入管職員の対応については、これからもチェックが必要となる。

　その後の調査などによって明らかとなったのは、1999年夏から2000年春の1年間に強制送還などで帰国させられた子どもの数は、確認できただけで83名、送還させられた可能性がきわめて高い者を含めると100名を超えていた。それも大阪府のいくつかの自治体での数であり、大阪府で新規渡日の外国人登録者数が1、2位の自治体は含まれていない。単純に計算して2倍の子どもが送還されているとしたら、1つの小さな小学校が1年で消えていたことになる。それも誰に知られることもなく。

餃子パーティ

　「子どもネット」として最初に取り組んだのは餃子パーティだった。

　退去強制続きにある子どもや在留資格のない子どもたちは、そのことを誰にも相談できず不安を自分の中だけに閉じ込めていた。両親にそのことを相談しても、両親を責め立てるだけになり、いっそう自分が惨めになっていた。誰にも相談できず、強い孤立感の中に置かれていた。

　そこで、同じ境遇にある子どもたちが集まって、それぞれの心配ごとや相談ご

となどを語り合う場を提案した。大阪では中国籍の子どもが多いので、その集まりを「餃子パーティ」と呼んだ。実際に、みんなで餃子を作って食べて、それぞれの思いを話す場となった。

　餃子を作るのに中国人の親が集まり、子どもたちはそれぞれの友人も参加した。教師、NGOメンバー、弁護士など、十数人の子どもを50人の支援者が囲むという集まりだった。子どもたちは自分の置かれた立場についての不安や疑問を正面から訴えることができた。そのなかで、自分自身の将来をより多くの角度から見ることのできるようになった子どもや、自分だけではないと孤立した気持ちから抜け出すきっかけができた子などいくつかの成果があった。

　その後、このパーティは3度開かれている。中国籍の子どもだけでなく、ペルー国籍、韓国籍の子どもも参加するようになった。

　この最初のパーティで「子どもネット」として、子どもたちに国連子どもの権利委員会に手紙を書いて届けることを提案した。

国連へ

「私たちは法律を粛々と執行しているだけだ」。
　これは入管職員が私たちに言う常套句だ。
　「法律が条約違反なのだから、あなたがたは粛々と法違反を犯しているだけだ」と指摘すると、「私たちは法解釈を行う立場にはない。それは本省で話してくれ」と論議を断ち切ろうとする。
　裁判においても「在留特別許可を与えるか否かは法務大臣の裁量」「日本が批准した諸条約についても、法務大臣の考慮事項にすぎない」と法務省側の主張をそのままなぞる判決。日本では子どもたちの権利を救い上げるところはもうどこにも存在しないのではないかと思える状況だった。
　そんななかで、国際人権基準を国内にフィードバックさせることで状況を切り開こうというのが、子どもの権利委員会に子どもたちの手紙を届けるという提案の趣旨だった。子どもたちに直接関係する子どもの権利条約には、個人通報制度がない。5年ごとに行われる締約国の政府報告審査が実態を訴える機会だった。しかし、次の審査までまだ2年あった。2年後をめざして「国連子どもの権利

委員に手紙を書こう」というのがこの呼びかけだった。

　2001年6月、ジュネーブで開かれている子どもの権利委員会に子どもたちの手紙を携えて向かった。この会期に出席していた委員は9名で、そのうち7名の委員が私たちの話を聞いてくれた。事前に私たちの主張と子どもの手紙の英文を配付しておいた。

　委員からは、最初に収容実態についての質問があり、「不法入国者の子どもたちが長期滞在になっているのはなぜか」「前回の審査のときにNGOレポートで触れていなかったのはなぜか」といった質問が出された。そして最後に、今回の日本政府報告にこのことが触れられていなければ、追加報告を求めるとの約束を得てロビイングを終えた。

タケオの会

　「子どもネット」が支援してきた事例で取り上げておきたいものとして柳健雄さんのケースがある。支援の中心は彼の同級生たちだった。

　柳健雄さんは「リュウ・ジェンション」という中国名での読み方と、「ヤナギ・タケオ」という読み方と2とおりで呼ばれている。もちろん中国人である彼の正式な名前は「リュウ・ジェンション」のほうだ。「ヤナギ・タケオ」は同級生たちが使うものだ。同級生たちは彼が中国人であることをもちろん知っている。しかし、普段は名前だけで「タケオ」と呼んでいる。

　タケオの母の魏麗霞さんは、16歳のときに中国残留日本人である門間和枝さんの養子となった。その後結婚し、タケオが生まれ、家族は中国で暮らしていた。タケオが生まれたとき、出産から産後までずっと母子の面倒をみてきたのは門間さんだった。これまでタケオは母が祖母の養子とは知らず、実の祖母だと思っていた。そのことがわかった今も祖母への気持ちに変わりはないとタケオは言う。

　タケオが生まれてから10年が経って、門間さんは日本に帰国することにした。タケオの家族3人は門間さんから一緒に日本に行ってもらいたいと懇願され、悩んだ末に日本に行くことにした。家族3人は門間さんとともに1994年6月に来日した。タケオが小学校5年生のときだった。

　2000年6月になって、大阪入国管理局は麗霞さんが中国残留日本人の実子

でないことを理由に、在留資格を取り消した。この頃、大阪入管では中国残留日本人の実子を偽装する者の摘発が重点課題だった。そのため、家族実態を持つ中国残留日本人の養子や継子も摘発していった。在留資格を取り消された養子、継子は、これまでわかっているだけで12家族47人に及んでいる。なかには中国で40年、日本で10年、あわせて50年間家族として暮らしてきたのに、血縁がないことを理由に在留資格を取り消された家族もいる。一方、在留特別許可を認められたのは、2家族9人だけだった。

　こうした入管の矛先がタケオの家族に向けられた。タケオが高校2年生のときだった。入管の職員が朝早く自宅にやって来て、家族3人が入管へ連行された。代理人の弁護士の働きかけなどで、3人は在宅で違反審査を行うことができた。

　支援する会が立ち上がり、在留特別許可を求める署名が始まった。同級生は学校の最寄りの駅で署名を行った。最終電車まで署名のために駅頭に立っていることもあった。両親の会社の同僚たちも署名に協力してくれた。集まった署名は55,184筆になった。

　タケオには不思議なところがあった。住んでいたのが中国人家族が多い地域ではなかったせいか、中国人生徒とのつながりよりも日本人生徒とのつながりが強かった。彼のまわりにはさまざまな友人たちがいた。大学でもそうだった。わずか数カ月のつきあいなのに、多くの学生が彼の支援に参加した。なにか人を引きつける魅力が彼にはあるのだろう。

　このように支援の輪が広がるなかで、2002年8月21日に裁決の日を迎えた。この日はタケオの20歳の誕生日でもあった。支援者が集まっているところへ母親の麗霞さんが目を真っ赤にして出てきた。「強制送還の裁決で、タケオとお父さんが収容されました」。

　タケオへの日本政府からの20歳のバースデー・プレゼントは「収容」だった。

　この日から同級生たちによる支援の取組みが始まった。これまでにないユニークな支援活動となった。

　タケオの支援組織として作られたのは「タケオの会」だった。小学校・中学校、高校、大学それぞれが「タケオの会○○」「タケオの会××」として独立したユニットで取組みを行う。タケオが収容された日であり、誕生日である「21日」を「タケオの日」としてそれぞれが毎月「21日」に何かの取組みを行う。ホームページの

若者たちが中心となって行ったデモ行進

作成、メールマガジンでの支援要請など、使える手立てはすべて活用しようということになった。

「タケオの日」の駅頭署名は、厳しい寒さのなか最終電車まで行われた。

2回めの仮放免が不許可となったあと、新年になって仮放免を求める2つの企画が持ち上がった。

1つは、難民支援をしているグループとのジョイント企画で、「長期収容反対」という共通目標で、大阪入管までデモを行おうというものだった。デモには100人弱が集まった。収容施設の檻を模したデコレーションを担いだグループ。楽器を打ち鳴らすグループ。それぞれが「友だち返せ」「タケオを返せ」「収容止めろ」と大きな声で訴えかけた。

2つめは「フリー・タケオ・コンサート」だった。タケオの仮放免を求めてコンサートを開催しようというものだ。会場となった中之島公会堂は、地震対策のため改装されたばかりの歴史的建造物だ。参加グループはプロから同級生のアマチュア・グループまで、ロックありダンスありと多種多様な出し物だった。会場には新聞の報道を見て参加した人もいた。20歳前後が9割を占める会場は、100人を超える人の熱気で溢れていた。

こうした取組みにも入管は頑なに「仮放免許可」を出さなかった。2003年2月には大学生の被収容者はタケオを含めて3名となっており、大学生の収容がマ

スコミにも取り上げられてきた。

　タケオが仮放免されたのは、2003年10月になってからだ。その後両親は帰国し、タケオには在留特別許可として「留学」の在留資格が認められた。しかし、入管は中国残留日本人の養子、継子の問題になんら解決の方策を見出すことなく、タケオの「留学」の在留資格でその場しのぎの対応をしたにすぎない。中国残留日本人への戦争責任を果たすことに最も消極的なところが法務省であり、この入国管理局だった。

　タケオの支援に参加した青年たちは一人の友人を救うために、「国」という大きな壁に立ち向かった。その行動を通していろんなことを学んでいった。

フリー・タケオ・コンサートのチラシ

再び国連へ

　タケオの仮放免、両親の帰国、留学の在留資格取得とひとつの区切りを迎えたが、「子どもネット」には解決の糸口さえ見出せないケースが山積していた。

　周さんの大学入学後の在留資格認定証明書の交付申請、裁決を間近に控えている子どもたちへの対応、そして子どもの権利委員会での日本政府報告の審査などだった。

　この間、入管が家族全員の在留特別許可を認めたのは中国残留日本人の継子家族くらいで、「日本人の実子を育てる外国人親」のケースを含めて、きわめて厳しい対応をとっていた。この状況を切り開くために、子どもの権利条約に基づく日本政府報告の審査の機会を活用することにした。

　この機会に向けて、すでに2年半前に、在留資格のない子どもたちによる、子どもの権利委員宛ての最初の手紙を届けていた。今回は2回目の手紙であった。10人の子どもたちが子どもの権利委員に手紙を書いた。そのなかの高校1年生

の子どもの手紙には次のように書かれていた。この子は小学校6年生のときに摘発されてからもう4年が経過していた。退去強制令書発付処分取消訴訟を行っていたが、父親は収容されたままだった。

> 子供人権委員のみなさん協力して下さい。私達みたいな子供を助けて下さい。毎日、心配しないといけない日々から逃げ出せるように協力して下さい。こんな日々はとても辛いです。私達は罪はないのです。普通の子供の生活がもう憧れじゃなくて現実にしたいのです。私達みたいな子供の夢です。すごく普通な事なのに私達にとっては叶えられない事です。叶えて下さい。私達に力を貸して下さい。私達に夢と未来を下さい。

2004年1月28日、ジュネーブの子どもの権利委員会で日本の審査が始まった。

この日の午後の審査で、無国籍児の問題が取り上げられた後、「子どもの収容の実態はどうなっているのか」「退去強制によって子どもが教育の機会を得られなくなることが起こるのではないか」「最善の利益からどういう措置をとるのか」

国連子どもの権利委員会（2004年1月28日）

という質問がなされた。また「退去強制手続きは抗告の機会がないのではないか」「拘束期間が長引くのではないか」との質問もあった。

この質問に法務省の担当官から、「退去強制手続きは異議申立てができる」「原則収容だが、子どもは即日仮放免している」「仮に収容してもできるだけ短期間、可能なかぎり親以外の大人とは分離し、親とは同室とする」「在特は7,872件の異議申立てのうち、6,995件許可している」「通報義務については、つねに優先するものではない」との回答があった。

子どもの収容については、制度としては何も保障されない運用だけで行われており、NGOレポートが指摘した実態とも違っている。在留特別許可は国際結婚事例が大半で、子どもとは直接関係ないものだった。また、「子どもの最善の利益」の考慮にはまったく触れない回答で、これらは子どもの権利委員の納得するものではなかった。

審査の過程でこれだけの質問が多くの委員からなされたのは、委員会自身の関心の高さを物語っている。結果的には、審査後に委員会から出される総括所見で在留資格のない子どもについては触れられなかったが、日本において「移住労働者の子ども」がマイノリティの重要な構成要素であることは、今回初めて触れられた。この点では評価される。

子どもの権利委員会がさらに踏み込んで、「収容と強制送還」の恐怖にさらされている子どもの保護措置を総括所見に書き込むことを強く望むところだ。

エピローグ

「外国人犯罪」「少年犯罪」がことさらに強調されることによって、「外国人」と「子ども」は犯罪不安の対象として排斥されようとしている。しかしそれは「犯罪統計のマジック」によるものであり、その数字を丹念に分析し、実態を正確に捉えていれば、そのような主張ができないことは明らかだ。

外国人を異質なものとして排除しようとし、少年を成人と同様に責任を負うものとして保護の対象とは捉えなくなっている。子どもの権利委員会の総括所見でも、この間の少年法の改訂が子どもの権利条約に反していると指摘している。日本の社会の振り子の振れ方がおかしくなっている。社会の基軸のズレによるしわ

寄せが、社会的に弱いところへ集中している。
　ここで取り上げている外国人の子どもたちは、この二重の異質な存在として厳しい状況に立たされている。日本に暮らす外国人が未登録者を含めると200万人を超え、さらに増加しようとするなかで、「在留資格に問題のある子ども」への対応は、日本の今の姿を映す鏡でもある。
　「子どもネット」の守備範囲はこれからも確実に拡大していくだろう。だが法制度の改正が行われることによって、「子どもネット」の縮小される日の近いことを強く望むものである。

Section 2

子どもたちの願い

突然の帰国
ペルー人高校生の場合

大島英夫 ● 神奈川県立高等学校教諭

はじめに

　2000年8月24日、神奈川県立高校定時制3学年に在籍していたペルー国籍の女子生徒ロサさんが、超過滞在を理由に両親が入管収容施設に収容されたのに伴って県総合療育相談センターに保護され、2学期が始まってまもなくの9月7日に家族とともにペルーに強制送還された。センター保護の第一報は児童相談所からのものであったが、夏休み中のことであり、センター保護の事実はほとんどの教員にも生徒にも知られることはなかった。
　9月の始業式当日に教員全体に報告されたときには、驚きの声は上がったものの、強制送還をやめさせようという声にはならなかった。収容・保護の理由が超過滞在であったために、それならば仕方がないだろう、という理解が多数であったからである。児童相談所も、送還の前に学校として何かしてやってほしいという要望を伝えてきたのであり、送還をやめさせるための対応を求めてきたわけではない。そうした理解のもとでの生徒への対応としては、同情の気持ちを伝え、励まし、また学校としての退学を含む手続きを滞りなく済ませることであった。
　そのときの私は、面会と事情把握に奔走するロサさんの学年担当教員を「たいへんだなあ」と見ているだけであった。しかし、日本を去った後のロサさんの気持ちを考えるとき、「気の毒だ」「でも仕方がない」「超過滞在だから」といった、現状追認のもとに事態を了解し、教員の体験のひとつとして心に刻んでおこうといったことで終わらせることはできない気持ちになってきた。彼女は2年数カ月、この学校で学んでいたのであり、私たち教員も含め、人間関係を築いてきたので

ある。学校行事にも参加し、ともに卒業をめざしてきた友だちもたくさんいる。そうした関係の糸が切れ、去って行った彼女に同情するだけでいいのだろうか。もし、同じようなことがもう一度起こったならば、やはり今回のような対応で済ませることは許されるのだろうか。

私は学ばなければならないと思った。彼女が去った後の、いいようのない空虚感ともどかしさは何によるのかを。ほかに方法はなかったのか。何をなすべきだったのか。さらに強制送還は仕方のないことなのかを。本稿は、事件に遭遇した生徒ロサさんと、対応した教員の物語であると同時に、そうした経過に傍観者としての関わり方しかできなかった私自身の反省記録でもある。

外国籍生徒が在籍するということ

日本で生活する外国籍の人たちが高校で学ぶためには、選抜試験を受けなければならない。来日してから時間の経っていない生徒や日本語が不十分な生徒が日本語で書かれた試験問題に立ち向かうためには、相当な努力が必要である。自分の力で、どこの高校に入学することができるのか。本人も保護者も皆目見当がつかないのである。母国での学習状況との継続性も大きな問題であった。

一方、日本国内では学習指導要領に代表されるように教育をめぐってのさまざまな動きがあり、それが入試制度をも頻繁に変更させてきた。神奈川県では、中学2年生のときに全員がアチーブメント・テストを受け、その結果と入学試験の成績をもとに入学者を決定する方式をとってきたが、1997年にその方式が廃止されると、入学試験の方式は複雑化していった。とくに一次志望と二次志望という制度が導入され、必ずしも希望した高校に入学できるとはかぎらないことになると、受験生の志望校決定をめぐって悩むことになった。また、自分の学力でどの高校に合格する可能性があるかは、学習塾や予備校に委ねるようになってきた。

そうした変化のなかで、外国籍生徒が情報を集めながら入試制度を理解するには、たいへんな困難を伴うことになる。そこで、外国籍生徒の学習権を保障する立場から、県内のボランティア団体、教員グループは、高校入学のためのガイダンスを開催してきた。具体的には、外国籍生徒の高校進学を支援するために、

県教育委員会に対し、高校受験に際して、外国人受入枠の拡大や母語での受験など、外国籍生徒が不利にならないようなシステムの実現を要望してきた。また、高校進学を希望する外国籍生徒と保護者のために、年3～4回の進学ガイダンスを開催し、複雑な受験の仕組みを解説し、学校での生活を紹介してきた。進学ガイダンスでは、さまざまな言語の通訳を介して説明を行っている。参加者は毎年増えている。それだけ切実であり、深刻なのである。

　外国籍生徒の受入れ問題に対して神奈川県は、神奈川総合高校とひばりヶ丘高校に外国籍生徒特別枠を設けたが、その枠はあまりにも小さい。2003年度からはさらに県立3校、横浜市立1校に特別枠が設置された。枠がこれからも拡大することを期待したい。一方、入試制度も学力試験だけでなく、受験生の個性や活動を重視する方式を取り入れることができるようになった。いくつかの学校では、外国籍生徒の入学を国際化につながるものとして捉え、彼ら・彼女らを積極的に評価し、受け入れていこうという姿勢を作り上げている。もちろん十分ではないが、外国籍生徒の高校進学については少しずつ理解が得られていると考えることはできる。2001年度の県立高校に在籍する外国籍生徒は634人であり、同年の県内公立中学校に在籍する外国籍生徒数を考えると、これからも増加していくのは確実である。それに対応した受入れ態勢を整えていくことが必要である。

　私の勤務する高校の定時制課程には、二十数人の外国籍生徒が在籍している。総在籍数は300人ほどであるから、1割弱ということになる。年齢、国籍はさまざまであるが、ほとんどが昼間働いている。また、日本語が堪能でないために全日制の入学試験には太刀打ちできず、定時制を受験した生徒も多い。かつては難民認定を受けたベトナム・カンボジアの生徒が中心であったが、近年はブラジル・ペルー・アルゼンチンなど南米からの生徒が増えている。来日年数により日本語の能力にも差があり、授業を理解することが困難な生徒には取り出し授業を実施し、日本語学習を中心とした学習指導を行っている。

　ロサさんが入学したときにも、ペルー、アルゼンチン、パラグアイ、カンボジア国籍の生徒が同じ学年に入学した。私は彼女が1年生のときに取り出し授業を担当した。生徒は8人である。授業科目は「現代社会」であったが、漢字の多い教科書を読むことはできないので、日本の社会についての説明や、地名についてゆっくり話し、板書した漢字にはルビをふった。生徒たちは電子辞書に文字を打

ち込み、それをスペイン語に翻訳していた。カンボジア国籍の生徒は、紙の辞書で真剣に調べていた。うまく該当する言葉が見つかればいいのだが、それほど語彙数が多くない辞書なので苦労したようだ。それでも楽しそうに授業を受けており、飛び交うスペイン語のなかで、私も楽しませてもらった。ただ、昼間は働いているために出席不足が心配されたが、生徒たちは全員進級をめざし、頑張った。そして2年後に事件は起こった。

事件の発端と学校の対応

　ロサさんは1983年2月8日ペルー生まれ。母親、妹とともに1997年1月に来日。1998年3月に居住している市内の中学校を卒業、同年4月に県立高校定時制課程に入学し、昼間は働きながら勉学を続け、事件当時は第3学年に在学中であった。彼女のクラスには22名の生徒が在籍しており、入学時から仲のよいパラグアイ国籍の女子生徒テレサさんも一緒であった。
　ロサさんを強制送還に追い込んだ事件の経過をたどってみよう。なお、これらの記録は、センター保護と退去、そして後に明らかになる賃金未払い問題に誠実に対応した当時の担任と副担任の記録や手紙をもとに編集したものである。

8月24日　母親が勤務先で拘束、横浜入管に収容され、勤務先で知らせを受けたロサさんが勤務先の社長とともに警察に出頭。小学校5年生の妹とともに市内の県総合療育センターに保護される。
8月25日　児童相談所の担当職員Cさんより学校に電話。「ロサさんが超過滞在で本国に強制送還を受ける」「何か本人に伝えたいことがあれば連絡して」とのこと。
8月31日　担任が初めてこの話を聞き、児童相談所に電話したが、担当者は不在。
9月1日　始業式。再度担任が児童相談所に電話。Cさんに事情をうかがう。「送還日は9月7日に決定。母親は横浜入管に収監され、コンタクトはまったく不可。本人および妹は県総合療育相談センターに保護」「外出は基本的に不可で外への連絡も禁止」「責任のある立場の人

間が付き添えば、柔軟な対応ができるであろう」とのことであった。また、児童相談所から学校に連絡したのは、「本人が再度日本に戻って来ないのは確実なので、学校のほうとして心を込めた会などをやってくれないか」と伝えたいためであった。妹は小学校のクラスでお別れ会を行ったそうである。担任は「本校生徒の動向、あるいは本人の気持ちを勘案するに、お別れ会は難しいが、担任がセンターに行って本人と話をし、学校に連れて来て私物の整理等をさせることはできる」と伝えたところ、9月5日15時にセンターで面接をする段取りをCさんがつけてくださることに決定した。

9月4日　担任がCさんと連絡、学年費の返金方法等を相談、退学届についても「書いてもらってもよいだろう」とCさんからアドバイスをいただいたが、「本人のようすを見て判断します」と返答。本人は担任が会いに行くことについて「恥ずかしい」と表現しているそうで、その中には「会いたくないという気持ちもあるのでは」とのCさんの話であった。

9月5日　担任および同じ学年担当のD教員が、センターで本人に面接。いろいろと事情を聞いたが、本人はやはり辛いようであり、涙を流す。ひととおり話をした後、学年費を返金し、領収証を書いてもらう。本人のようすを見るに、退学届は、きちんと説明して「頼むよ」と言えば書いてくれたと思うが、やはり忍びなく、話を持ち出すに至らなかった。本人には「学校に行ってみるか」と尋ねたところ、やはり行きたくないとのことであり、センターでそのまま別れることにした。出国は明後日であるが、本人および妹は明日センターから入管に移送され、入管に一泊するそうである。

9月6日　入管より学校に電話がある。「学校での身分関係はどうなっているのか」とのこと。管理職のほうで退学届を書いてもらうのがよいだろうと判断し、教頭が入管に出向く。入管で本人に退学届けを書いてもらう。

9月7日　日本を離れる。

　ここまでが、事件を知ってからの対応である。こうした対応に問題点がなかっ

たのか、何かほかになすべきことがあったのではないかを検討しなければならないだろう。もちろん担任の対応ではなく、学校、教員としての対応である。

　まず、退去強制は正当なのかということ。在留資格がなくなっていたのは事実である。ロサさんの一家は南米の日系人のように就労ビザで来日したわけではない。そうした人たちとともに来日し、滞在期間が過ぎても、就労のために滞在していたのである。それは出入国管理法に違反し、退去強制の根拠ともなることは否定できない。しかし、そのことによってロサさんが失うもののことを考えてみたい。私たち教員の前には、在学し、授業を受ける彼女がいたのである。もはや彼女はその機会を得ることはできない。教育を受ける機会、生きるための権利、そのことを否定する根拠とは何なのかが問われなければならない。

　私たち教員は、学校で生活しているすべての子どもに対して、知識を得るとともに、能力を伸ばし、社会の中で生きていく力を身につけてほしい、と考えているはずである。そして、個々の生徒を差別することなく接しているはずである。それは、教員だけでなく、子どもたちが生活している社会の最低限の約束事項のはずである。にもかかわらず、このときには、そうした視点で行動を起こすことはできなかった。

　しかし、これからは即座に本人や保護者との面会を求め、事態を把握し、彼ら・彼女らの意思を確認すべきだろう。さらに、人権団体や福祉団体と連携し、入管の施設に収容されるようなことがないように、在留特別許可を認められるように訴えていくべきだろう。なによりも生徒の学習権を守らなければならないはずである。もちろん現状では困難なことはいうまでもないが、こうした実態を私たちがつかみ、訴え続けていくことは、決して無駄にはならないだろう。

　ロサさんはどのような気持ちでいたのだろうか。もう会うことがないかもしれない同級生に、自分の気持ちを綴った手紙を残している。

ロサさんがテレサさんに残した手紙

テレサへ
　これから書くことを読んだ後でも友だちでいてね。悪いことがたくさん起

こったけど、それでくじけてなんかいられない。反対に、強くならなくちゃいけない。
　最初に。私はビザがない。一度もあったことがない。私の国ではうまくいかず、それで日本に来ました。ビザがないことをあなたに言わなかったのは、言ってしまうとあなたもカルロスも、もう友だちでいてくれなくなってしまうと思ったから。だから隠していたの。
　8月24日は、忘れられない日になるでしょう。この日お母さんの工場に入国管理局の人たちがやって来ました。お母さんは逃げる間もなく、そのまま連れて行かれました。私は働いていたんだけど、妹からお母さんが連れて行かれたと聞いて、社長と一緒に警察に行きました。警察では、お母さんを連れて帰らせるわけにはいかない、と言われました。私たちもここから出せない、やはりビザがないから、と。それで警察は私たちを家に連れて行き、着替えを用意させました。お母さんは横浜の入管に、私と妹はある施設に連れて行かれました。お母さんと離れ離れになり辛かったけど、日本人たちは親切でした。
　9月7日にペルーに帰ります。あなたとカルロスには友だちでいてほしい。ビザがない人間なんてダメだと考えてほしくない。あなたたちにはそう考えてほしくない。だって私たちはみんな同じ、誰も上でもなければ下でもないのだから。
　友だちでいてくれるのなら、手紙をちょうだいね。体に気をつけて学校に通って卒業してね。あとちょっとなんだから。　　　　　（原文はスペイン語）

　ロサさんが友人に残した手紙でもわかるように、在留資格がないことを隠しながらの生活がいかに未成年にとって精神的に不安定なものであるか、これは教員として看過できないことである。ロサさんにとっては、誰にも相談できないことであり、帰国後も罪の意識を持ち続けるとしたら、それは彼女の一生にも影を落とすことにもなる。
　現在、日本で学んでいる外国籍生徒のなかには、同じように在留資格がない者もいるかもしれない。在学中に在留資格がなくなることもあるだろう。日本で就学するにあたって、教育委員会が在留資格を問うことはない。したがって私た

ち教員も、生徒の在留資格を確認する必要はない。私たちは生徒の超過滞在の事実を把握する必要はないが、つねにありうることと認識しながら、外国籍生徒と接するべきだろう。

ただ、危惧しなければならないのは、在留資格がないと学校で学ぶことが許されないと考え、通学することもなく日本に滞在している子どもたちがいるだろうということである。その実態はまったくわからない。教育を受ける機会がないまま子ども時代を過ごすことが、将来どのような生き方になってくるのか、心配である。

給料未払いの発覚

ロサさんは9月7日に日本を離れてしまったが、その直後の12日、もう1つのたいへんな問題が明らかになった。ロサさんの給料が未払いのままだったのである。その件は総合療育センター保護時にロサさんの担当であった児童相談所のCさんより担任に伝えられた。学校で未払いを証明するような事実はないかとの問合せであった。そこで生徒の親友テレサさんに給料未払いの件を電話で聞いてもらうことを依頼した。

①給料をいつまでの分もらっていないか
②未払い分の給料が各月にどれくらいあるのか
③時給はいくらか
④残業はどれくらいやったか、また、その分の給料はもらっているのか

これに対し、ロサさんが話した内容は次のとおりである。

職場は弁当屋であり、かき揚げを調理したり、玉ねぎを切ったりして2年間働いていた。従業員はペルー人ばかり10〜15人程度であり、日本人は社長とその夫人だけである。賃金の未払いは彼女にかぎらず常習化していたようである。時給は850円で、日給は6,800円となる。本人の記憶によれば4月から8月23日までの未払い分は合計515,900円となる。

10月になって教員が児童相談所に出張し、Cさんに未払いの件についての経緯をうかがった。Cさんの話によれば、8月30日にロサさんから未払いの話を聞き、勤務先の社長に電話をし、会社訪問を約束。9月2日にロサさんと勤務先を

訪問。しかし、給料は渡してもらえず、「9月6日に入管に移送されるのでそのときには渡してほしい」と申し入れたところ、社長は「わかった。渡す」と答えた。6日、再びロサさんと訪問するが、支払いはなかったので、「本人に代わって受け取り、送金するので、受取りの日時を電話してほしい」と伝えたということであった。しかし、ロサさんが送還された後、Cさんは何度も社長に電話をしたが、進展はなかった。なお、社長によると、未払い分は30万円程度ということであり、ロサさんの主張と食い違っていた。

　この間、会社の不誠実さに不信感を抱いた教員はCさんとも相談し、県の労政事務所や弁護士に相談し、未払い問題を解決する方法を模索した。本人がいないために困難な状況にあるのだが、知人を受取り代理人にして交渉を進めることにし、ロサさんに次のような手紙を送り、代理交渉の委任状を送り返してもらった。

　お元気でやっていることと思います。3年ぶりのペルーはいかがでしょうか。
　さて、アルバイトのお金については、なかなか社長が払ってくれず、困っています。これから、Cさんと私たちとでもらいに何度か行きますが、もし払ってくれない時のことを考えていろいろと手続きをしておきたいと思います。やってほしいことを下に書きます。
①委任状（これは私たちにお金の取り立てをまかせますということです。あなたが日本にいないので代わりにお願いしますということです）
ア、知人の△△さん用……この人にお願いしてもよいですか。だめな時は書いてくだい。
イ、弁護士の○○さん用……どうしても払ってくれない時は、この人にお願いして払ってもらいます。
ウ、名前の書いてないプリント……もしかすると変更するかもしれないので。
②あなたから社長さんにお金を払ってくださいという手紙
　スペイン語で書いてくれてよいです。こちらで日本語にします。
③お金をいくらもらっていないと、細かく書いたプリント
　参考にあなたがテレサさんに言ったものを担任の先生がまとめてくれたも

のを送ります。合計も書いてください。
④あなた本人の銀行口座を作って、そのコピーか番号を送ってください。もらえたら、ここに送りますから。
⑤もし、あなたが日本で書いていた日記やメモなどでアルバイトしたことがわかるものがあったら送ってください。コピーでもよいです。証拠になりますから。

　どれにもみんなあなたのアルファベットでよいからサイン（署名）を入れてください。あなたがペルーに帰ってしまったので、お金をもらうことがかなり大変です。ぜんぶもらえるかどうかわかりませんが、なるべく私たちもがんばります。Cさんもとても心配しています。少しめんどうですが、なるべく早く①〜⑤までのプリントなどを日本に送って下さい。日本への郵便の袋は入れておきました。もし、別に送るときは、また返事にも書いておいて下さい。

　その後、彼女が直接社長に電話をし、とりあえず10万円の送金を約束させたが、実行はされなかった。また、未払いの給料がいくらあるのかも、社長の口からは明白にならなかった。教員が、未払い賃金が支払われるように交渉を続けたが、なんと、12月末に会社が倒産、債権者に差し押さえられ、社長自身も所在不明となってしまった。勤務先から未払い賃金を受け取る可能性はなくなってしまったのである。この事実を彼女にどう伝えるべきか、悩んでいるうちに、彼女から日本語の手紙（本人自筆）が届いた。

　お元気ですか？
　こちらペルーは、とてもあついです。ペルーの方では毎日あおそらです。わたしはおかねがほしいです。ペルーにはおかねがないし、しごともない。だから日本のおかねがほしいです。
　ありがとう。でんわのカードがてがみといっしょにきて、もういっかいありがとうございました。先生とともだちバイバイ。それではさよなら。　　ロサ

　ペルーに送還された彼女には仕事がなく、また学校にも通ってはいない。未払いとなっている50万円がペルーではどのような意味を持つのかは、私たちにも

痛いほどわかっている。会社から取れないのならば、別の方法を考えなければならない。まず、教員が発起人となるカンパ活動を開始するのがいいのではないか、さらに、それを各学校に協力要請しながら、「超過滞在者」が置かれている状況を知らせていこう、と考えた。具体的にどれくらいの成果があるかはわからないので、彼女には次のような手紙を送った。

拝啓　お元気でしょうか。

　こちら日本はようやく寒い冬が終わり、春がやってきました。今年の冬は雪が多くて、三〇〇〇mの山では八m積もったそうです。ロサをスキーに連れていってあげたかったです。

　さて、学校ですが、カルロスたちも四年生になれました。先生たちは大変に心配しましたが、さいごは、みんながんばりました。全員で五九人が四年生へ進級です。一年生の時とくらべると二分の一です。あとは、みんなそろって卒業したいです。

　お給料の話ですが、ロサから急いで送ってもらった書類は提出して、OKでした。これで私たちができることは、ぜんぶやりました。もう、考えられることは残っていません。社長が出てきてくれればよいのですが・・・。

　日本のことわざ（ことば）に「果報は寝て待て」があります。これは、しあわせのしらせは、じっと待っていよう！そのうちにきっとよいことがある。やるだけやった後は、くよくよせずに明るく待っていましょう、という意味です。このようにしましょう。

　またいつの日か、ロサが日本に来られて、旅行したり、楽しい話をしたりすることができるように祈っています。

　　　　　　　　　　　　　　　　　　　　　　　二〇〇一年三月二一日

カンパ活動

　新年度になって彼女の所属していた学年担当の教員が発起人となり、教員を対象としたカンパ活動が始まった。定時制教員からは２万円、本校の他課程、

教員組合からの支援金を含め、10万円を集めることができた。そのお金をドルに替えて、夏休みに帰郷する同級生のカルロスに託した。その経過が次の文章に書かれている。

定時制の先生方へ　カンパのお礼

2001年9月10日

　昨年度本校第3学年に在籍しておりましたペルー籍の生徒が、強制送還を受けた際の、賃金未払い分についての送金に関する先生方への無理なお願い、暖かくご支援くださり本当にありがとうございました。先生方から20,000円もの浄財をいただき、本国にいる彼女の元に届けることができました。

　送金に関しては、本国の実状等を鑑みたときに、確実に行う方法がなかなかないようなので、本校4年生在籍中のペルー籍生徒が夏休み中に帰郷する際に本人に届けてもらうようにお願いしました。本人の住所等をメモしたものを紛失してしまうアクシデントがあったようで、お金を渡せずに帰日せざるを得ないような状況になったようですが、デパートに買い物に行ったとき偶然にも本人に邂逅するという幸運に恵まれ、無事お金を渡すことができたようです。そのせいで、本人からの連絡も遅れてしまったとのことのようです。

　本人からは、PERUという文字の記載のあるレプリカをおみやげにいただいております。また、直筆の絵はがきと（ボランティアが書いたと思われる）ワープロ打ちの礼状も届いております。そちらの方は、コピーをしておきましたのでご覧ください。

　思えば、彼女が強制送還を受けてから丸1年がたちました。この間、世間知らずな担任が先生方のご協力を賜り、あちらこちらと行かしていただいたことに感謝いたします。また、カンパなどと言うあまり前例のないことにも気安く応じていただき、本当にありがとうございました。心よりお礼申し上げます。

旧担任

突然の帰国〜ペルー人高校生の場合〜

私たちにできることはここまでだった。ロサさんが戻り、再び私たちの学校で学ぶことができない以上、せめてもの助力となることができればと考えた最後の行動もここで終わった。やがて手紙(代筆)が届いた。

先生様
家族に囲まれて毎日元気で過ごしていると思います。
確かにお金を受け取りました。とても感謝しています。
ペルーに帰ってからもう一年たちますがまだ慣れません。
日本に戻りたいです。
日本でのご親切、本当に有難うございました。
大学に入る為に今、勉強しています。とても難しいです。
ペルーの状態は同じでまだ苦しいです。
いつも先生と仲間達と楽しく過ごしていたことを思い出します。
本当にお世話になりました。
私と母もとても感謝しています。
どうぞ皆様、お元気でご活躍くださいませ。
　　　　　　　　　　　　　　　　　　　　　　　　　　　ロサ

　私たち教員はもうやるべきことはやったと判断したのであるが、これで終結したわけではなかった。私たちとは別の視点でこの問題の解決を図ろうとしていた人たちがいたのである。
　2002年になり、厚木労働基準監督署より勤務先の賃金台帳が確保されたとの連絡が入った。総額574,318円の未払い賃金が証明されたのである。この額は彼女の記憶による額よりも多いものであった。再び教員を通じて未払い賃金の「確認申請書」を一度本人に送り、署名したものを返送してもらい、2月にそれを労働基準監督署に提出した。
　6月14日に確認したところ、厚木労働基準監督署は労働福祉事業団に立替払いの手続きをしており、1カ月後には支払いが可能になるとのことであった。その額は未払い賃金の8割、459,454円になる。本来ならば本人自筆の書類が必要なのであるが、確認された事実に基づき特例の手続きをしたとのこと。今後、振込先の口座の実在と安全性が確認されれば、送金するとのことであった。

Section 2 子どもたちの願い

一時はあきらめていた未払い賃金であったが、厚木労働基準監督署の執念がもたらした勝利である。強制送還され、本人が不在であるという条件では未払い賃金の証明はきわめて困難であると説明されていただけに、外国人として差別することなく、労働者の権利を保護したこの役所の仕事ぶりは称賛されるべきだろう。

　同年の3月には、ロサさんから在学中の単位修得証明書の依頼があった。大学に進学するためである。学校で作成した証明書をスペイン語に翻訳し、外務省とペルー領事館の認証を得て送付した。ペルーの学制では日本の高校2年生までが中等教育であり、日本での高校2年生の修了が確認できれば受験ができるようであった。大学進学のために勉強をしているとの手紙が届いて私たちはほっとしたが、彼女が日本で働いて得たお金が役に立っていると思うと、今までの苦労が報われた気がした。また、同級生であったカルロスとテレサは2002年3月に卒業した。

おわりに

　強制退去の直後には、無力感と悔しさばかりが残ったが、それで終わりにすることなく、できることをあきらめることなくやった結果、少しではあるが明るい光が見えてきた気がする。立場を異にしながらこの問題を考えてくれた児童相談所、労働基準監督署、またボランティアでスペイン語の翻訳を引き受けてくれた人たちやカンパに協力してくれた人たちの協力のおかげで、ここまで到達できたのだと思う。

　突然の強制送還以来、さまざまなことを学んだ。だが、それは今まであまりにも無知であったことの証明でもある。それはまた、彼女が強制送還によって失ったものと引き替えによって得たものである。私たちはいろいろな面で試されたのだと思う。外国籍生徒が増えていくなかで、日本の社会が多文化共生をめざさなければならないなかで、今までとは違った判断と対応をしなければならないことを。私は、再びロサさんと会うことができる日を期待しながら、彼女が私たちに残していった課題を忘れることなく教員を続けていこうと思っている。

　※生徒名はすべて仮名である。

日本で生まれたのに
李悠紀さんの場合

髙井和恵◉大阪市立今川小学校教諭

突然の退去命令

　2001年8月13日、大阪市立加美北小学校3年2組の李悠紀さん一家に突然、大阪入国管理局から退去命令が出された。青天の霹靂とはまさにこのことであった。

　悠紀さんの通う加美北小学校は、大阪市の南東に位置する。在日韓国・朝鮮人が多数在住する生野区と隣接した平野区にあり、全児童の4分の1近くが韓国・朝鮮にルーツを持つ。学校には、自分の民族との出会いの場である民族クラブもあり、ソンセンニム（民族講師）が毎週2回本校を訪れ、民族クラブに参加する子どもたちを指導してくださっている。毎年、民族クラブの校内発表会なども行われている。近年、中国から残留孤児の家族として帰国した児童も増えてきた。また、ベトナム国籍やフィリピン国籍の児童もおり、国際色豊かな学校である。

　悠紀さんは、その加美北で生まれ、加美北で育ち、学校では民族クラブにも参加し、仲間とともに元気に小学校生活を送っていたのである。その彼女に、突然、退去命令が出された。

　その日、悠紀さんのオモニ（母）は、いつものように在留を許可してもらうために、大阪入国管理局に行った。申請を始めてから4年、日本で暮らすようになってから10年。そろそろ、在留特別許可が下りるかもしれないと期待していただけに、在留の申請が却下されたと聞かされたときのオモニのショックはたいへんなものであった。途方にくれたオモニは、以前、就学前の子どもの母親（友人）が送還されたときに、加美北小学校ではいろいろと相談にのってくれたと言ってい

たのを思い出し、悠紀さんとともに小学校を訪れた。その日、出勤していた校長が対応し、事情を聞いた。

事実の確認

　8月30日、再びオモニが来校し、民族クラブの担当をしていた私や外国人教育の担当者、そして外国人教育部会の何人かが集まって事情を聞いた。その内容は、以下のようなものであった。

　オモニは1989年、観光で日本を訪れたとき在日韓国人の木下さんと知り合い、その後、たびたび日本を訪れ交際が深まっていった。1991年、いよいよ木下さんと結婚をしようということで、2週間という短期滞在の観光ビザを取り、来日。そのまま木下さんと日本の現在の住所で生活を始めた。そして1992年8月27日に悠紀さんが、1996年にその弟の悠太くんが生まれた。しかし、1997年、木下さんの母親が2人の結婚に強く反対し、結局正式に結婚しないまま、オモニは悠紀さんと悠太くんを連れて木下さんと別れた。超過滞在の状態で6年間日本で生活し続けたオモニは、別れを機に1997年の6月18日に外国人登録をした。それと同時に、大阪入国管理局に在留特別許可を申請し、毎月、入管茨木分室を訪れていた。子ども2人は、父親が認知し、彼の韓国の籍に入籍していた。1999年、木下さんは、別の女性と結婚するため日本に帰化した。そのとき、木下さんから、2人の子どもについても帰化するよう勧められたが、オモニは、自分1人が韓国へ帰されることを危惧して、帰化せず現在に至っている。そして2001年8月13日、いつものように入管茨木分室へ出頭したオモニは、在留が認められず、退去命令が出ていると聞いてびっくりして帰宅し、すぐに悠紀さんと一緒に学校に相談に行った。その後オモニは、木下さんにも相談に行った。木下さんは、すぐに知り合いの弁護士に相談し、2人の子どもの帰化申請を進めるため、韓国から戸籍を取り寄せているということだった。

　話を聞いたあと、私たちは、入管でもらった書類を見せてもらった。私たちは、在留特別許可というものに対して不勉強で、話を聞いた時点では、これから在留特別許可を申請すればなんとかなるぐらいに受け止めていた。念のため、こういう問題に詳しい空野佳弘弁護士に、すぐに電話で問い合わせた。書類を読み

上げると、それはすでに法務大臣の決裁が出ているものであるということであった。空野弁護士から、裁判以外に日本に残れる方法はないことを告げられた。安易に考えていた私たちは、事の重大さに呆然としてしまった。

　8月31日、私たちは、オモニと空野弁護士の法律事務所に行った。空野弁護士がオモニに事情を聞き、退去命令が出てからの裁判、帰化申請は難しいが、それしか方法はないという結論を得た。

　9月6日には、木下さん、オモニ、子ども2人が法律事務所に行き、木下さんに対して事実確認が行われた。そのなかで木下さんは、15年前に永住権（一般永住権）を取得していること、木下さんの父親は、戦前、在留資格を取り消され、いったん韓国に帰り、戦後再び渡日し、在留資格を取り直したことがわかった。そして、木下さんは、子どものためにできることはすべてやってあげたい、と空野弁護士に自分の気持ちを伝えた。

　オモニに対しても再度事実確認があり、オモニの父親は済州島で兄夫婦、孫2人と暮らしているが、そこへ自分は帰ることはできないこと、4年前から生活保護を受けていること、血圧が低いので近くの医院に通院し、血圧を上げる薬を常時服用していること、今は仕事をしていないけれど、秋になれば短い仕事ならできるだろうということなどがわかってきた。

　その日、空野弁護士から、私たちとしてできることは、嘆願書を作成すること、マスコミを通して世論に訴えること、子どもたちの送還が子どもの権利条約3条「子どもの最善の利益」の無視にあたることを訴えていくこと、支える会を結成したほうがよいこと、裁判は長くなるので、組合、市民団体等の運動体の力も借り、裁判と運動の両輪で進めたほうがよいことなど、多くのアドバイスを受けた。

　9月10日、職員会議の最後に、今回の件について校長から職員に事情説明があった。私たちは、「子どものため」という校長の言葉を聞いたなら全教職員が協力してくれるものと思い込んでいた。しかし、事態は簡単には進まなかった。「子どもの最善の利益を優先すべき」学校では、「法に触れている人間を守れない」とか「公務員は中立でなければならない」などの理由をつけて子どもを守ることに背を向けた意見が出され、裁判闘争についての全教職員の協力は得られなかった。その後、私たちは、学習会や講演会で初めて子どもを守る取組みに出会い、私たちの取組みが始まるのである。

始まった取組み

　9月10日、私たちは、一部の教職員の反対に屈しているわけにもいかず、さっそく「一緒に考えていってやろうという職員は集まってほしい」と呼びかけ、今後の取組みについて話し合った。事実経過を確認し合うところから始め、自分たちが在留許可の問題にいかに無知であったかを認識し、研修会、講演会にも積極的に参加していくことにした。

　折しも9月12日、「非正規滞在の子どもたち──強制送還を迫られる子どもたち…」という「RINK」の草加道常さんの話を聞く機会を得た。そこで、私たちは、強制送還を迫られている子どもの多さに驚愕した。

　9月19日には、「在日外国人の子どもの法的地位について」というテーマで、空野弁護士の講演を聞いた。

　しかし、私たちは実際に何から手をつけてよいかわからず、運動会、遠足など学校行事に追われ、支える会の結成もままならず、いたずらに日々を送ってしまっていた。

　11月1日、訴状の最終確認のため、私たちは再び、オモニと一緒に空野弁護士の事務所を訪れた。訴状の内容が確認され、翌日（11月2日）大阪地方裁判所に訴状が提出されることになった。裁判などまったく経験のない私たちは、空野弁護士から、初公判は12月ぐらいになること、公判の初めは形式的なこと、3月ぐらいには実質的な論議になるであろうから、その頃までに署名や嘆願書を用意したほうがよいこと、公判を傍聴できるのであればしたほうがよいこと、などいくつかのアドバイスをもらった。

　翌日、予定どおり訴状が大阪地方裁判所に提出された。

　翌11月3日には、朝日新聞の朝刊に「母は10年前に韓国から、子は2人　強制退去取り消しを」という見出しで悠紀さん一家のことが取り上げられた。

　11月13日、私たちは、いよいよ、支える会を結成すべく、今後の方向について話し合った。

　11月20日には、臨時で民族クラブの親の会を開き、オモニも交えて、支える会や今後の活動について話し合った。しかし、親の会の代表から、なぜこういう

事態になったのかいろいろときびしい質問がオモニに出され、親の責任が問われた。日本で暮らす在日韓国・朝鮮人のオモニやアボヂ（父）は、「税金は人よりも多く払い、寝る間も惜しんで働き、わが子を育ててきた。それを考えると、とても悠紀さんたちを応援していけない」と、一時はなかなか支える会の話にまでいきそうにない状態になった。最終的に、私たちは、オモニのためではなく、今、目の前にいる子どものために闘っていくんだということを保護者に訴えた。しかし、この日はとうとう納得してもらえず、合意に至ることはできなかった。

　11月27日には、外国人教育研修会に財団法人とよなか国際交流協会の榎井縁さんを招き、来日する外国人の状況や、日本の外国人を受け入れる体制の不十分さ、また、入管の実態などについて話を聞いた。さらに、不法滞在についても、いわゆる刑罰ではなく行政処分の対象であり、子どもには何の罪もないことや、子どもの権利条約に照らして考えるならば子どもの権利を奪うことになる、といったことなども、例に挙げて話していただいた。

　11月29日、RINKの草加さんにも連絡をとり、協力を要請した。そして、嘆願書と署名の文案を送りアドバイスを受けた。

　11月30日、親の会を開き、李悠紀さん一家を支える会の準備会、嘆願書、署名用紙、これまでの経過についてみんなで意見を出し、話し合った。支える会の代表も、親の会の代表の2人のオモニが快く引き受けてくれた。

　12月1日、草加さんより、嘆願書と署名の宛名は大阪地方裁判所と法務大臣にしたほうがよいのでは、とアドバイスを受けた。

2001年12月20日朝日新聞記事

12月20日、朝日新聞の朝刊で大きく取り上げられた。私たちは、この記事を読んで、法務省、すなわち日本が、いかに外国人に対して厳しい制裁を加えているかを知った。この記事は、さらに民族クラブの保護者の気持ちも大きく揺さぶった。今回の日本の対応をオモニたちは、悠紀さん一家に対してではなく、自分たち韓国・朝鮮人に対しての攻撃として受け止めた。その結果、悠紀さんの在留許可をなんとしても勝ち取ろうと、みんなの気持ちが初めて1つになった。
　年末には、第1回の支える会が開かれ、主だった支援者が集まった。署名用紙の印刷、署名をお願いしていく機関についても、いろいろと意見が出され、その年は暮れた。

広がる運動

　2002年が明けた。私たちは、支える会としての活動を始めた。用紙を買い込み、市教組東南支部の書記局で、署名用紙の印刷を始めた。
　1月11日、初公判が大阪地裁で行われた。初公判は書面だけが交換され、あっという間に終わった。
　ちょうどこの時期、宮崎で日教組教研があることがわかり、加美北小分会として訴えていこうということになった。急遽、東南支部から市教組へお願いし、私たちの思いが聞き届けられた。
　1月25日、加美地域で組織されている加美モイム（地域で行われている多文化共生の集い）実行委員会で署名のお願いをした。さらに、加美地域のPTA協議会にも協力を呼びかけていくことになった。
　1月27日、宮崎での日教組教研に参加し、分科会で加美北の問題をアピールした。署名用紙も参加者に配られ、大阪の問題が全国へと広がっていった。
　これ以後、私たちは、地域や解放同盟平野支部などに積極的に署名のお願いをしていった。地域の連合町会長さんのお宅を訪問する日には、支える会の代表、オモニ、そして、ちょうど風邪で学校を休んでいた悠紀さんまでが一緒に出て来て、お願いに行った。町会長さんは、悠紀さんを見て、「この地域で生まれ育ったこんな可愛い子が、突然退去されるのはあんまりだ」と協力してくださることになった。町会長会議で署名のお願いをさせていただくことになり、私は、悠

紀さんの現状を訴えた。皆さんは、「回覧はできないが、地域の子どものためだ、できるかぎり一人一人が足を運んで、署名を集めよう」と言ってくださった。

さらに署名運動は、私たちが所属する教職員組合東南支部から、大阪市教組、大阪教組、地域の労働組合や民主団体で組織される「東南フォーラム平和・人権・環境」、そして、平和人権センターへと広がっていった。

2月8日には、加美北小学校のPTA実行委員会で署名のお願いをし、2月13日より、加美北小PTAで署名が開始された。

2月22日、第2回公判。今回も文書の交換だけであっという間に終わった。その夜、第3回支える会を開き、経過報告が行われた。

3月8日、第4回支える会。

4月、悠紀さんは4年生になった。私は民族クラブの担当から、4年2組の悠紀さんのクラス担任をすることになった。

4月21日、阪神教育闘争4・24集会（本名キャンペーン・コンサート）で署名とカンパ活動を行った。悠紀さんも初めて自分のことを訴え、署名を集めた。同じクラスの民族クラブの仲間も、一緒に署名活動をしてくれた。

4月26日、第3回公判。

5月2日、第5回支える会。5月18日に予定されている決起集会まであと約2週間、具体的な準備が始まった。署名も集約され、法務大臣宛ては17,560人、大阪地方裁判所宛ては63,936人にのぼった。

法務大臣との面会

5月14日、以前より、法務大臣への面会を市教組より申し入れていたが、突然、17日に面会できるようになったと連絡が入った。組合や支援者の方とともに、悠紀さん親子と私が東京に向かうことになった。

5月15日、クラスの子どもたちに、悠紀さんが法務大臣に面会できることを知らせた。みんなで何かできないかということなり、法務大臣に色紙を渡すことになった。クラス全員が一人一人、色紙に、悠紀さんが日本に残れるように思いを書いた。

5月16日、子どもから話を聞いた民族クラブに参加する子の保護者から、上

クラスメイトが書いた寄せ書きと、それを読む森山眞弓法務大臣（当時）

京の足しにとカンパが寄せられた。

　5月17日、私と悠紀さん親子は上京した。悠紀さんは新幹線に乗るのが初めてだった。もっと楽しい旅行ならと考えずにはいられなかった。

　東京に着くと、まず参議院の議員会館に行き、日教組の山本潤一さんに会い、今回、面会を実現してくださった民主党の角田義一議員のところに案内された。私たちは、角田議員とともに法務省に向かった。森山眞弓法務大臣とは4時から面会できるということで、しばらく控え室で待つことになった。

　4時ちょっと過ぎ、ようやく大臣室に案内され、法務大臣に悠紀さん親子が直接面会することができた。大臣は、悠紀さんを見ると「元気そうな子ね」と言われ、悠紀さんがクラスみんなの署名の入った色紙を手渡すと、「いただいていいの？」と言って受け取られ、真剣に読んでおられた。その時点で、悠紀さん親子は退出し、隣の控え室で待つよう指示された。残された私に与えられた時間は、ほんの15分ほどだった。私は、悠紀さん自身が法務大臣に宛てて書いた作文を代読し、大臣に手渡した。また、大阪より持参した法務大臣宛の17,660人の署名を手渡した。そして、クラスのみんなだけでなく、学年、学校全体が悠紀さんの在留を希望していること、地域のみなさんも悠紀さんのことを心配してくれていることを訴えた。大臣は、最後に、「個別のケースについては何も言えませんが、思いは十分受け取りました」と言ってくださった。私は、この言葉を聞いたとき、これで悠紀さんに在留許可を与えてもらえるのではないかとひそかに期待した。

　15分ほどの面会は、あっという間に終わった。控え室に戻ると、悠紀さん親子

が心配そうに待っていた。角田議員が、「思いはしっかり伝えたんだから、今後、また、どんな方法があるか考えていこう」と悠紀さんたちを激励してくださり、法務省をあとにした。帰りの新幹線では、どっと疲れが出た。

翌5月18日、法務大臣と面会したことが毎日新聞に掲載された。その夜、李悠紀さん一家を支える決起集会が、平野人権文化センターで開かれた。103名もの方が応援に駆けつけてくれた。悠紀さんは、法務大臣に宛てた作文に法務大臣に会った感想も付け足し、支援者の前で読んだ。次に掲載している「わたしの思い」がその作文である。オモニも、多くの人たちが集まってくださったことに感謝し、日本語で一生懸命礼を述べた。集会は、大成功に終わった。

わたしの思い

李悠紀

　8月13日、うちでわたしが遊んでいると、お母さんが、
「ただいま」
と泣いているような声で、入管から帰ってきました。わたしは、おかしいなあと思って、お母さんのそばへ行って、
「どうしたん」
と聞きました。すると、お母さんは、泣きながら、
「東京から韓国に帰りなさいって結果が来たから泣いてるねん」
と言いました。それを聞いて、わたしも韓国へ帰らなければいけないと思うと、悲しくて泣いてしまいました。それから、お母さんは、
「学校に電話するから」
と言って、電話をかけました。

　わたしとお母さんと、2人で学校に行きました。職員室で、お母さんと校長先生が話しているのを、わたしはだまって聞いていました。学校でいっぱい友達を作れたのに、韓国に帰ったら、みんなと別れなければならないと思うと、だんだん悲しくなってきて、また泣いてしまいました。

　11月3日に、わたしたちのことが、新聞にのりました。わたしは、それを見てびっくりしました。友達にも話すことができませんでした。

　そして、このあいだの4月21日の日曜日、本名キャンペーンコンサートに

行きました。わたしは、そこで初めて、カンパと署名をお願いしました。コンサートが終わると、同じクラスの民族クラブの友だちといっしょに、
「カンパと署名お願いします」
と大きい声でお願いしました。たくさんの人たちが、わたしたちが、日本に残れるようにおうえんしてくれました。とてもうれしかったです。
　もう、裁判が始まっています。裁判に負けると、日本には、いることができなくなります。友だちと別れなければなりません。それを考えると、悲しくなってきます。ずっとずっと、日本に住めるようにしてください。
　急に、5月17日に法務大臣に会えることになりました。行く2日前、加美北小学校の4年2組のみんなが、わたしのために、寄せ書きをしてくれました。みんなが、寄せ書きをしてくれて、とてもうれしいと思っています。
　そして、昨日、法務大臣の方に会うために、東京へ行ってきました。
　法務大臣室に入ると、大臣が目の前にいました。75才と聞いていたのにとてもわかく見えてびっくりしました。わたしは、はずかしくてどきどきして、
「はじめまして、李悠紀です」
と小さい声で言いました。大臣は、
「もう一度言ってください」
とやさしく言ってくれました。わたしは、もう一度、少し大きな声で、
「はじめまして、李悠紀です」
と言いました。すると、大臣は、
「かわいい子やな」
と言ってくれました。わたしが、持っている4年2組の寄せ書きを見て、
「それは、何」
とたずねられました。
「これは、4年2組のみんなが、書いてくれました」
と言って、色紙を大臣にわたしました。大臣は、
「これ、もらっていいですか？」
と聞かれたので、
「いいですよ」
と言うと、大臣は、

> 「ありがとう、元気そうな子ね」
> と言ってくれました。私は、受け取ってくれてとてもうれしかったです。次に、お母さんが、
> 「はじめまして、李悠紀の母の高銀烈です。よろしくお願いします」
> と言いました。すると、男の人が、
> 「待合室で待っていてください」
> と言いました。わたしとお母さんは、大臣室を出ました。やっと、どきどきするのがとまりました。大臣は、少しこわそうでした。
> 　加美北小学校には、わたしのたくさんの友だちがいます。このたくさんの友だちと別れたくありません。ずっと日本に住めるようにしてください。

　翌5月19日。私たちは、勢いに乗って東南ブロックのプルコギモイム（在日韓国・朝鮮人の保護者や子どもたちが集まる焼き肉の会）でカンパ活動をした。これまでの経過を報告し、今後の支援を訴えた。

　翌週、現在は帰化している4年2組の在日韓国・朝鮮人の保護者から手紙が届いた。そこには、毎日新聞の記事を見たこと、地域の人たちも署名をして以来なんの音沙汰もないので心配していること、詳しい事情を聞かせてほしいなどということが書かれていた。さっそく私は、自分も悠紀さん親子とともに法務大臣に会って、子どもたちが書いてくれた寄せ書きの色紙と皆さんからいただいた署名を届けてきたことなど、先日の集会の資料などを添えて手紙を返した。

裁判で陳述書の提出

　6月13日、朝日新聞の夕刊に、先日の集会のことと、明日、64,000人もの署名が大阪地方裁判所に提出されることが報じられた。

　6月14日の第4回公判では、大阪地裁に宛てた7万人近い署名を提出した。夜7時、支える会を兼ねた親の会では、公判のようすが報告され、今後の課題が検討された。

　6月22日、市教組東南支部の定期大会では、裁判の現状と法務大臣との面会が実現したことなどを報告し、さらなる支援を訴えた。そのあとのバザーにも

参加し、オモニと親の会の代表がキムチを販売し、カンパ活動を行った。

9月13日、第5回公判。夜7時、支える会を兼ねた親の会が開かれ、裁判の状況が報告された。その後、裁判についての学習会を持った。

11月8日、第6回公判。

年も押し迫った12月27日、第7回公判。冬季休業中ということもあって、久しぶりに私も裁判を傍聴した。今回は、弁護士が証人の申請を行ったことに対する回答が裁判所のほうからあった。弁護士からは、オモニ、父親の木下さん、大阪大学の村上正直助教授、大阪大学留学生センターの山田泉教授、そして、担任の私が証人として申請されていた。ところが回答では、オモニ以外は書面で十分として却下された。そして、次回の公判でいよいよオモニに対する証人尋問が行われることになった。

残念ながら、証人として発言する機会を失った私は、悠紀さんの担任として書面で陳述することになり、以下のような書面を大阪地方裁判所に提出した。

陳述書

私は、李悠紀の担任の髙井和恵と申します。

私は、2002年4月より悠紀ちゃんの担任をしています。前年度、退去強制令書が発付されたときも、民族クラブの担当をしており、悠紀ちゃんとは関わりを持っています。

そこで、まず、悠紀ちゃんの学校での様子と交友関係について述べたいと思います。

悠紀ちゃんは、1999年、本校加美北小学校に入学以来、地域のみんなと毎朝元気よく登校し、1年から、民族クラブにも参加してきました。クラスの中では、とても活発な存在で、成績も優秀、リーダー性もあり、級友からの信頼も厚く、みんなから慕われています。民族クラブも1年から欠席することもなく、2月4日に行われた民族クラブ発表会も、毎日一生懸命練習に励み、練習の成果をりっぱに発表する事ができました。

また、生まれた時からこの地域に在住しているため、地域の人たちにもかわいがられ、今回退去強制令書が出されたあと、それを撤回する署名運動

をした時も、たくさんの方々が、署名をしてくださいました。その後、法務大臣と接見したことが新聞報道されたときも、たくさんの方々から、問い合わせがあり、みなさんが、悠紀ちゃんの行末を心配してくださっています。

(中略)

　悠紀ちゃん自身は、証拠として以前あげました作文に書いていますように、今現在も、強く日本に在留することを希望しています。先日の参観日では、「十才を祝おう」というテーマで自分の将来の夢を書きました。その中で、悠紀ちゃんは、産後の肥立ちが悪く今も体調のよくない母を案じ、将来は、医者になって母の病気を治したいと語っています。参観された保護者のみなさんも、とても感心して聞いておられました。

　そんな悠紀ちゃんを、今、強制送還することは、思春期に入る彼女にとって、どれほど大きなダメージになるかは想像するに足りません。この9月にも、神戸から、私のクラスに転入して来た女の子がいました。彼女も、しばらく、友達と別れた寂しさや、新しい地域での生活に不安を感じ、不登校気味になりました。私も再三迎えに行ったり、友達にも迎えに行ってもらったりして、今やっと、みんなと明るく過ごせるようになってきました。同じ言葉の通じる日本だからこそ、この程度ですんだのですが、全く言葉の通じない韓国へ悠紀ちゃんが帰されれば、これ以上の混乱は目に見えています。何の罪もない子どもを、突然、奈落の底へつき落とすようなものです。

　最後になりますが、今年度、最後の参観には、いまだに、悠紀ちゃんに在留許可がおりない事を案じて、4年生のたくさんの保護者の皆様が、嘆願書にも署名をしてくださいました。

　どうか、以上の事情をよく考慮していただき、悠紀ちゃんの日本での在留を一日も早く認めていただくよう心からお願いします。

2003年3月5日

大阪市立加美北小学校
4年2組担任　髙井和恵

　公判後、再度、空野弁護士に、裁判を有利に進めるためにできることはないかアドバイスを受けた。空野弁護士から、学級や学年の保護者からの嘆願書や

教職員の嘆願書などを提出することは有効であるとの回答を得た。

保護者への呼びかけ

　私は、新学期第1号として、悠紀さんの公判のことを書いた学級通信を発行した。

　学年でもいろいろと検討を重ね、2月17日の参観日の折りに、4年生の保護者に嘆願書に署名をしてもらおうということになった。事前に学年通信でも協力を呼びかけた。

　2月17日の参観日当日、4年生の学年の廊下の前に嘆願書を置き署名を募った。5月の家庭訪問の際、「こんなことになったのは悠紀さんの親の怠慢である」とまったくこの運動に背を向けていた在日韓国・朝鮮人のオモニが、先頭に立って各保護者に署名をしてくれるように呼びかけてくれた。法務大臣に会った翌日手紙をくれた保護者も、家族全員の名前を書いてくれた。参観後の懇談会でも、みんなが悠紀さんの在留を願ってくれた。嘆願書への署名は50名に及んだ。

2003年1月8日の学級通信

3月11日、第8回公判。オモニの証人尋問が行われる日がやって来た。私も、保護者の嘆願書を提出するため、裁判を傍聴した。裁判所のほうからオモニに通訳がつけられたが、オモニは、すべて通訳を通さず日本語でしっかり答えた。退去強制令を受けて初めて学校に相談に来たときの、泣いてばかりのオモニの姿はもうそこにはなかった。傍聴している私たちでさえ「何の意図でそんなことを聞くのか」と思うような裁判官の質問にも、オモニは毅然と答えていた。1時間半にも及ぶ尋問が終わったとき、私は、オモニに拍手を送りたいほど感動していた。その日、傍聴していた一人に4年2組の保護者がいたが、私が子どもたちを置いて傍聴していることを非難するどころか、もっと頑張ってほしいと激励された。私は、あくる日、学級通信で、オモニのようすを保護者のみなさんに伝えた。

国連子どもの権利委員会への働きかけ

　3月、裁判で証人として来ていただく予定だった山田泉教授を招いて、学習会を持った。山田先生は、まず、言語運用能力について私たちにわかりやすく説明してくださった。そのうえで、第二言語を習得していく際の問題点や、多文化教育の経験から見た問題点、そして最後に、悠紀さんの今現在の言語運用能力と万一強制送還されたときの教育適応能力について話してくださった。そこで得た結論は、悠紀さんが今送還されることは、子どもの権利条約にいう子どもの「最善の利益」に大いに反するものであり、悠紀さんの教育は日本社会でなされることこそ不可欠であるということだった。

　2003年4月、悠紀さんは5年生になった。私は、10年いた加美北小学校から今川小学校に転勤した。

　5月28日、第9回公判。

　7月25日、平野人権文化センターにおいて裁判の経過報告と、榎井緑さんを招いて学習会が開かれた。

　この頃、RINKの草加さんからの要請で、悠紀さんは、「国連子どもの権利条約に基づく子どもの権利委員会」に宛てて、次のような作文を書いて送った。

日本でくらしたい

大阪市立加美北小学校　李悠紀

　私は、大阪市平野区の加美北で生まれ、小学校3年になるまで、ずっとここで育ちました。

　ところが、小学校3年生の夏休みのことでした。お母さんが、大阪の入国管理局に行って帰ってくると、私に、
「韓国に帰りなさいと言う退去命令が出た」
と言いました。私は、それを聞いて、友達と別れなければならないことを思うと、悲しくて、泣き出してしまいました。私とお母さんは、すぐに加美北小学校に退去強制の命令が出たことを話しに行き、これからどうしたらいいのか相談しました。

　11月には、このまま日本にいることができるように裁判所にも訴えました。

　それからは、学校のみんなや、民族クラブの仲間とともに、たくさんの署名も集めました。

　そして、4年生の5月には、突然、法務大臣に会えることになり、母と私は、私たちを支えてくれる人たちといっしょに、学校も休んで東京まで行きました。その前の日には、4年2組のみんなが、私が日本に残れるようにと、色紙を書いてくれました。私は、色紙とたくさんの署名を持って法務大臣に会い、直接わたして来ました。今でも、そのことは、心に強く残っています。

　そして、この4月で私は、5年生になりました。8月8日にはいよいよ判決が出ます。その日が近づくにつれて、私は、とてもきんちょうしてきました。

　でも、私は、絶対に韓国に帰りたくありません。たくさんの友達ができて、仲良くなってきた友達と絶対別れたくありません。私は、絶対裁判に勝ちたいです。もし、裁判に負けるような事があっても、私は、決して、あきらめません。私を支えてくれる仲間とともに、最後までがんばります。

裁判所の出した答え

8月8日、第10回公判。いよいよ一審の判決が出る日がやって来た。折りしも

台風が接近し、荒れ模様の日だった。私も公判の傍聴に行った。たくさんの支援者が傍聴に来ていて、法廷はいっぱいだった。悠紀さんは、子どもにはあまりにも重い日であるとのオモニの判断から家で待機させているとのことであった。
　そして、さんざん待たされた後で言い渡された判決文の主文は、
1、原告らの請求をいずれも棄却する。
2、訴訟費用は原告らの負担とする。
というたった2行だけであった。
　一瞬、何と言われたのかわからないほどあっけない判決の朗読だった。棄却に対する理由は一切述べられることもなく、在留許可は認められなかった。子どもの権利条約のいう「最善の利益」などまったく無視され、悠紀さんが日本で教育を受ける権利も奪おうとするものであった。法廷を出たオモニは泣き崩れ、私たちもどう慰めてよいものか言葉が見つからなかった。
　すぐに緊急の会議が開かれ、控訴することで一致し、控訴の手続きがとられた。
　その後、内閣は改造され、法務大臣も代わってしまった。悠紀さんが森山法務大臣に訴えたことは、いったい何だったのだろうか。
　その後、高等裁判所での裁判が続き、2004年5月26日、判決が言い渡された。オモニとともに、小学校6年生になった悠紀さんと、小学校2年生になった弟の悠太くんも傍聴した。しかし、支援者が見守るなかで、大阪高等裁判所でも控訴は棄却され、在留は認められなかった。
　退去強制令が出されてから、この夏で早3年が経過する。現在、私たちは、悠紀さんがすでに6年生になったということで、再度、法務省や入管局に審理を求める運動を模索中である。
　私たちは、「もし、裁判に負けるような事があっても、私は、決して、あきらめません。私を支えてくれる仲間とともに、最後までがんばります」と書いた悠紀さんの言葉を胸に、悠紀さんが日本で安心して暮らせるようになる日を勝ち取るまで、多くの支援者や仲間とともに、この運動をこれからも続けていきたい。

ひとり日本に残されて
周くんの事例を中心に

大倉安央●大阪府立高等学校教諭

K高校の渡日生教育

❖K市の中国帰国者

　K市は大阪府の東部にある町で松下電器の本社があることで知られるが、市全体としては、町工場や倉庫が多くあり、「文化住宅」と呼ばれる低家賃の住宅が密集する町でもある。K高校（筆者の勤める高校の前身）はそのK市のはずれにあった。学校の前には府営団地が広がっており、そこにいつからか中国からの帰国者が集中するようになった。ほとんどは黒竜江省方正県出身の人たちで、団地の中を歩くと、そこかしこから中国語が聞こえてくる。団地の中にある小学校は4人に1人が中国から来た子どもとさえいわれている。

　そのK団地の中国からやって来た子どもたちがK高校に入学するようになったのは、1996年からだった。当時、私たちはこうしたK市の状況を不覚にもまったく知らずにいたが、入試の際、特別配慮（渡日生のために試験問題のルビ打ち、時間延長、辞書持込みが認められている）の生徒が受験することから、初めてこの事実に直面することになったのである。そしてこの年、1名の中国渡日生が入学した。

　この生徒を前にして、私たちはどのような教育が必要とされるのか、何をなすべきかがわからないまま、ほとんど手探り状態で前へ進む以外なかったのであるが、ある研修会の折り、K市の小・中学校の方（K市在日外国人教育研究協議会、市外教）と偶然出会うことができた。このとき、私たちは、K市の状況（数多くの中国渡日生が在籍していること）を知らされたのである。「これからどんどん

K高校へ進学していくから、受入体制をしっかりとしてや」と言われても、何から手をつけてよいやら皆目わからなかったが、中学・高校間で情報を交換しながら協力できる体制を作り上げてきた。

このようにして、K高校の渡日生教育は出発した。

❖渡日生教育の指針

私たちは、「中国で生まれ育ったことに自信と誇りを持つこと」を渡日生教育の基本とし、職員会議などでの議論を経て、「中国帰国生の教育指針」(現「渡日生の教育に関する指針」)を策定した。この指針は、①基本方針、②本名使用について、③母語保障について、④日本語などの学習指導、⑤渡日生の居場所と自主活動、⑥他の高校等の渡日生との交流、⑦中国人教員の役割、⑧日本人生徒の指導(多文化共生教育)、⑨指導体制のパートに分かれている。

指針の詳細は省くが、いくつかの点について触れておきたい。まず日本語指導。日本語を教えるということは決して「日本人化する」ということではない。これは、当たり前のようでいてなかなか難しい。子どもたちは、日本語を覚えるにつれてだんだんと母語を失っていく傾向が見られるからである。母語を失うことがその生徒のその後の生き方にも大きく関わっていて、私たちの経験からわかることは、母語を理解しなくなった子どもほど、自分が外国からやって来た事実を隠そうとする傾向が強いということである。逆にいえば、母語を保持することが「自分の生まれ育った地域・国に誇りと自信を持つ」ことにつながるということである。

もちろん、しっかりとした日本語を教えることは大切であり、たとえば、日本語の会話ができるからそれで十分であるとは考えられない。日本語で論理的に考え叙述する力は、そう簡単には身につかないようであり、とくに小学校の段階で日本へやって来た子どもほど、それがいえる。その意味で日本語指導はしっかりとやらなければならないが、そのことによって母語が失われていくのではないかという危機感はつねに持っていなければならないだろう。日本語教育は「同化」教育と背中合わせにある。だから私たちは母語保障を重要視し、渡日生教育の柱としてきた。このあと話題とする周くん、家族が強制送還され、ただ1人日本で学び続けている彼も、自分が中国で生まれ育ったことに自信を持っていたからこそ、これまで頑張り続けることができたのだと思う。

また、これと関連して、名前の問題がある。本名か日本名（通名）かという問題である。本名を使用することを私たちは勧めるが、かといって、中国渡日生の場合、そう簡単にはいえない事情もある。K高校の中国文化研究部初代部長Lさんの場合。日本名を名乗る彼女は、ここに書ききれないほどの困難を乗り越えて、中文研部長として文化祭のステージに立った。全校の生徒に、自分が中国からやって来たことを明らかにする初めての場であったが、その後、彼女は素晴らしく成長し、立派に中文研を育て上げてくれた。そのLさんが、あるとき、知り合いの方から「どうして本名を名乗らないのか」と、かなりきつく問いつめられたという。泣きながら彼女が語ったのは、「私の日本の名前は大好きなおばあさん（中国「残留」日本人）がつけてくれた名前だから、とても大事。でも、本名も捨てることができないほど大切なもの。どちらか1つにすることは私にはできない。今は大好きなおばあさんのつけてくれた日本の名前を使いたい」ということであった。この言葉を受け止めて、名前に関しては本人の希望を大切にすることにしている。「同化」教育に陥ることのない渡日生教育はどうあるべきか、日本語指導と母語保障はどうあるべきかを、私たちはつねに考えている。

　さて、高校の統廃合という嵐に巻き込まれたK高校は、2001年、M高校と統合され、新たな高校名で再出発することになった。この新校（普通科総合選択制）を作っていく過程で、これまでの渡日生教育の成果をそこに盛り込むことを要求し、カリキュラムの中に日本語指導と母語教育を位置づけることが実現した（1年生から中国語または自分の母語に関する授業を選択でき、また日本語の特設授業も開設されている）。同時に、これまで非常勤講師として配置されていた中国人教員の専任化（常勤化）と渡日生のための特別枠入試（中国帰国生徒および外国人生徒入学者選抜）も、新校発足と同時に実現した。

　現在、新校には40人近くの渡日生が在籍しているが、その母語は、中国語、スペイン語、ポルトガル語、タガログ語、韓国語と、多岐に及んでいる。

消えていく中国の子どもたち

　試行錯誤を繰り返しながら、私たちは渡日生教育の体制を少しずつ作り上げていた。K高校に中国渡日生が初めてやって来てから3年めの1998年、一挙に

7名の入学者を迎えた。そのうち4名が本名で、かつ日本へ来てからの年数が浅く、日本語指導の必要な生徒であった（それ以前の生徒は全員、日本名を使い、日常会話にも不自由はなかった）。日本語指導も始まり、中国文化研究部の活動も本格的にスタートし、この年、初めて文化祭で中国の踊りを全校生徒に披露し、成功を収めた。何もかもがうまくいっているように思えた。

この年に入学したXさんは、中学のときに日本へやって来た。真剣に勉強し、大学へも行こうかと考えていた彼女だったが、翌年4月、2年生になってから学校へ来なくなった。学校を辞めたいと言い出したのである。理由は、1つ下の妹がM高校へ入学したから自分は働かなくてはいけない、ということであった。私たちは、どうにかして学校を続けることができるよう、保護者とも相談した。彼女は、一度は学校を続けると言ってみたものの、しばらくするとやっぱり辞めるという返事で、結局、6月に退学することになった。彼女が抱えるしんどさを、私たちはこのとき、知るよしもなかった。しばらくして、私たちは、Xさん一家が中国へ帰国したことを噂で聞いた。

Xさんが退学した1999年度、私たちは3名の入学者を迎えた。合格者は実は4名であったが、入学前の家庭訪問の際、Zくんは入学辞退を申し出た。理由は父親の仕事が見つからないので東京へ転居するということであった。しかし、Zくんの家族は東京へ転居することはなく、4月以降もK市に住み、働いているらしかった。そのまま、Zくんのことは耳には入ってこなかったが、次に彼と再会したのは、後で述べる中国訪問のときであった。

さて、99年夏。私たちにとっては忘れられない衝撃的なことが起こった。突如として生徒2名が消えたのだった。

前年（98年）入学したJさんは、とても優秀で、学校の中でも「真面目で勉強熱心」という評価が高かった生徒である。彼女は中学2年生のときに来日したが、日本語も、教科の勉強もよくできた。この年の文化祭では、全校生徒の前で中国からやって来た生徒の代表として、日本語と中国語で作文を朗読し、教職員・生徒たちの感動を呼んだ。

夏休みの初め頃、学校からの連絡文書を全生徒の家庭へ郵送するのだが、そのJさんの家に宛てた文書と、この年に入学した渡日生Yくんに宛てた文書が返送されてきた。宛先の住所は間違いないはずだった。場所は学校の近く、K団地

である。しかし、宛先不明で封書は学校へ戻って来た。不審に思って両名の家に電話をしたが、通じないので家に行ってみたところ、扉を叩いても叩いても誰も出てこない。小さな窓から中を覗いてみたら、家財道具も何もない、もぬけの殻であった。どこかに行ってしまったのだ。

　この頃は、新聞紙上などで中国帰国者関係での入管の摘発をよく目にするようになった時期であった。結局、家の事情で働くことになったと言って辞めていったXさんも、入学を辞退したZくんも、そして夏休みに入ると同時に忽然と姿を消したJさん、Yくんも、入管の摘発を恐れての帰国であった。そのことに私たちが気づいたのは、この夏休みの「事件」に遭遇してからであった。なんとも呑気なものだ。生徒たちが苦しみ悩んでいるとき、私たちは何もわからず的外れの「助言」をしていたわけである。

　2000年8月、中国へ帰った子どもたちと会うため、黒竜江省方正県を訪問した。家庭の事情と言って辞めていったXさん、夏休みに突然消えたYくん、強制送還されたCくん、そして合格後入学を辞退したZくんらと会うこともできたし、中国側の学校のはからいで方正県第三中学と第二小学校を訪問して、日本から帰国した子ども数十人と対面することもできた。小中学校の子どもたちは中国で受け入れられ、学校へ通っていたが、高校生たちが中国の高校での教育を受けることは非常に困難であるようだった。かといって働く場所があるわけでもない。保護者の人たちも仕事がなく、日本での蓄えで暮らしているようであった。

李くんと周くんのこと

❖初めての入管

　1999年に入学した李くんから相談を受けたのは、2000年の2月頃であった。中学で日本へ来た李くんは、こつこつと根気よく勉強するタイプの生徒で、気のいい礼儀正しい生徒である。中文研の部長も務め、責任感が強く後輩からも慕われる生徒であった。その彼が、2年生の終わり頃になって遅刻が増え始め、勉強にも身が入らないようすを見せ始めた。彼が言うには、学校で友だちもできないから辞めたいと。心配になって保護者とも相談すると、懇談の最後に、在留資格の問題で帰国しなければいけないかもしれないと言われたのである。私たちに

は衝撃的であった。しかし、日本に残って勉強したいというのが彼の本心であったので、外部の方々とも相談を始めた。

　そんなとき、学校は学年末テストの最中であったが、朝早く入管から学校へ、「K高校のCくんに事情を聞いているからテストを受けることができない」と電話が入った。出勤してそのことを校長から聞いた私は、すぐに西日本入管センターへ走った。校長からは、「担当の者が今から行くから生徒に会わせてほしい」と要請の電話を入れていただいた。「李くんではなく、Cくんが……」と、頭の中は混乱していた。私にとっては初めての入管であったが、電話で名前を聞いた担当の方を呼び出して、Cくんに会わせるよう求めたが認めてくれない。とにかく彼がどのような状態であるのかを知りたいと、何度も要求して、ようやく彼が取り調べられている部屋（会議室のようなところで、一緒に摘発された20人ぐらいの人がいた）をドアの隙間から見ることが許された。大きな声で彼を呼び、私が来ていることを知ってもらうことができ、彼が収容されていないこともわかって一安心したが、この取調べはなかなか終わらず、結局、この日、父親だけが収容され、本人と母親は帰国準備ということで仮放免された。このとき、Cくんの親戚にあたるもう1家族が摘発され、同じように父親だけが収容され、母親と中学生が仮放免になった。そのときには「体の大きな中学生やな」ぐらいの印象であったが、それが当時、K第四中学に通う周くんだった。彼は現在、新校の3年生である。

　Cくんは当初、日本に残って勉強すると言っていたが、父親が収容されており、それが耐えられないということで帰国することになった。

　一方、李くんはそのまま高校生活を続け、大学に進学した。これで大学卒業までは大丈夫、と私たちは信じていたのだが……。

❖ 周くんと入管

　さて、2001年4月、新校1期生として、周くんが入学した。すでに2000年5月、退去強制処分取消しの訴訟が始まっていたが、高校側としては彼を受け入れるのになんらの問題もなかった。事前に中学校の校長から本校の校長への事情説明と申入れを行ってもらったが、彼自身は他の渡日生徒同様、渡日生のための特別枠で受け、合格して入学。温かく迎え入れられた。

　周くんは、入学後、中文研と柔道部に所属し、柔道では他の1年生に先駆け

て初段をとるほどの腕前であった（現在は2段）。収容されたお父さんは、自由を奪われてすでに1年が過ぎていた。それでも、小さな子どもを抱えたお母さんは朝早くから夜遅くまで働き、収容されている父親と勉強を続ける周くんを支えた。

この年の11月、周くんは裁判所で初めての証人として陳述を行った。もともとシャイな彼ではあるが、裁判所のなんともいえない独特の雰囲気の中で、自分と家族のことを立派に主張した。堂々としており、頼もしくさえ思えた。

彼の中国での生活は、川の中州に家があり（ほかに家はない）、洪水があると流され、その都度建て直したという。小学校は当然、川の向こう側にあるので、毎朝、父親が漕ぐ小舟で通い、氷が張り始める冬の初めには、舟で行くことはできず、氷も薄くて上を歩くこともできないので、学校へは行けない、そんな生活であったという。とても貧しく、父親が足に障害を持っていることでいじめられたともいう。その彼が、日本へ来て5、6年経ち、中国へ帰っても高校へも入れず、かといって仕事もなく、いったいどうしろというのか。日本に残って勉強することを許可してほしいと、彼は、静かにそう語った。2002年3月、判決は却下であった。

周くんが2年生になった5月、収容されているお父さんが、このまま状況が好転しないのであれば帰国すると言い出し、家族もいったんそれに同意する事態となってしまった。周くんから、帰国同意書にサインしたという連絡を受け、仰天して弁護士やら支援の方々と連絡をとり、急に慌ただしくなってきた。周くん本人および家族の方々と話し合った結果、周くんだけを残して家族全員が帰国するという方向で進めることが決まった。どう考えても、それ以外に残された道はなかったのである。

周くんに日本の学校での勉強を続けさせてほしい――約1週間で、署名1,200名が集まり、学校からは校長名での法務大臣宛ての嘆願書が出された。中文研の生徒たちは、仲間を救おうとビラを作って署名を集めて回った。柔道部の後輩は「周先輩は中国へ帰ってしまうの？」と言って泣き出してしまったという。10枚、20枚と署名用紙を持って帰っては集めてきた、仲間が学校を辞めさせられることを黙って見てはいられないというように。学校の教職員にも署名をしていただいた。署名用紙を持って帰って集めてくれた方も少なくなかった。

そして6月11日、家族揃って入管に出頭した。出てきたのは周くんだけであった。家族はそのまま中国へ強制送還され、彼は家族と会うこともできなかった。

ひとり日本に残されて～周くんの事例を中心に～

[新聞記事画像:「周君支えよ、退去殺生や」「両親・妹は中国強制送還」「勉強を続けたい」2003年7月5日朝日新聞記事]

それから、彼は1人で暮らしている。しかし、地獄に仏というか、日本の政府は冷たくても、優しい日本人は多い。彼の生活は、同じ団地に住む日本人の方が見守ってくださっている。周くんの件は新聞でも大きく報道され、それを見た方から学校の周くん宛てに支援物資やらカンパが届いていることも大きな励みになっている。

匿名だったのでお礼の言いようもないが、一人住まいになってしまった彼にとっては、なんと勇気づけられたことだろう。ある方は、定期的に（今でも）食料品や衣料品を段ボール箱いっぱいに詰めて送ってくださっている。政府・入管や裁判所の考えと、民意というか、普通の人の考えはこんなにも大きく違うのだということを、法務大臣はじめ、入管当局の方々にはよく知ってもらいたいものだ。入管は「国益」を理由とするが、周くんに在留資格を与えることが、どうして「国益」に反するか、誰にも理解できない。ただ、入管のやり方が民意に反することは誰の目にも明らかである。

❖ そして李くんが……

3年生になった周くんは、大学への進学を目標に勉強に励んだ。日本の大学で学び、できれば留学ビザに切り替えるなどして在留資格を得ることはできないものかとも考えてきた。

しかし、そうした期待を打ち砕くような大阪入管の動きがあった。2002年8月、大学2年生のYくんが、ちょうど20歳を迎えた記念すべき日に父親と一緒に収容されてしまったのだ。学生は大丈夫だが、20歳になったから収容かともいわれていたが（つまり入管の収容・非収容の基準がバラバラなのだ）、今年の2月、K高校卒業の李くんが退去強制の裁決言渡しとともに収容されてしまった。彼は19歳であった。父親は腰が悪いからか、彼のみが収容された。父親は「自分を収容して、大学生の息子は仮放免してくれ」と、あきらめることなく、時には

入管職員ともみ合いになっても主張し続けたが、そんな親の願いは入管には届かなかった。引き裂かれるようにして李くんは扉の向こう側へ連れ去られた。

そして2004年1月現在、李くんは大阪の茨木市にある西日本入管センターに収容されたままである。大学に復学する日を待ち望みながら、収容所の中で勉強を続けている。

❖大学には合格したけれど

周くんは高校3年生。日本の大学で学ぶことを夢見ながら、勉強と柔道の日々を過ごしてきた。日本の大学で学びたいという気持ちは、日々強まっていった。勉強の傍ら、柔道の練習にも精を出し、ついに2段を取得した。日本語能力検定の1級にも挑戦し、中国語検定試験も受験した。まわりの生徒や団地の人、新聞を見て応援してくれている方などの支えを力強く感じながら、彼はただ1人日本に残された寂しさをぐっと抑えて、ひるむことなく歩み続けている。両親や、とくに小さな妹と会えない寂しさは否応なく胸の中から湧き上がってくるが、自分を応援してくれる人がいることを信じて、寂しさに耐えているようだ。

2003年6月、両親と妹と別れて1年が過ぎた。この1年間、多くの人に支えられてきた彼は、感謝の気持ちを表すため、新聞に投書した。周くんが家族と別れることになったときの新聞記事を見て、匿名で学校までカンパを寄せてくださった方へのお礼の言葉も書きたかったからだ。周くんは次のように書いた。

> 公立高校で学ぶ三年生です。八年前に中国残留日本人の家族として、一家で来日しましたが、それが「偽装」とされて摘発され、昨年六月に、両親と妹が強制送還されました。それから、一人で暮らしてきました。両親と時々電話で連絡をとっていますが、会えなくてとても淋しいです。同じ棟に住んでいるおばさんがいて、いつも僕の面倒を見てくれています。ご飯を作りに来てくれたり、お母さんのようにしかってくれたりします。また、兵庫県に住んでいるおばさんも、遠くにいながら、生活の面で助けてくれていて、定期的に生活用品や食品を送ってくれています。この前、僕の応援会に、遠くから来てくださいました。このような僕を温かく見守って、そして、援助してくれる方々がたくさんいます。両親がそばにいないのですが、僕は一人ではあ

> りません。名前を書かずにいろいろなものを送ってくださった方々に、感謝の気持ちを表したいと思います。

　しかし、日本の裁判所は無情だった。9月29日、最高裁判所は上告を棄却し、判決は確定した。これを待っていたかのように入管から担当弁護士のところに、すぐに入管まで出向くようにという連絡が入った。判決が確定したのだから高校卒業後は直ちに中国へ帰国せよというのが入管の主張であったが、私たちは周くんの将来を考えても、これには納得できず、なんとか日本の大学で勉強する道を切り開きたいと願っている。それにしても、入管の態度は強硬であった。ここで帰国に同意する誓約書を書かないと今すぐにも強制送還するというニュアンスで迫ってきたのである。仕方なく周くんは「高校卒業後は帰国する」という誓約書を書いたが、彼はそこにこう書き加えた。「大学に合格した際は、日本の大学で学べるよう配慮して欲しい」と。

　そして2003年12月。大学から合格通知書が届いた。「周くんが入学すれば、本校の学生として学び続けることができるよう守っていきたい」という大学関係者の方の言葉は周くんを勇気づけているが、入管当局は今なお、高校卒業後に送還するという態度を撤回していない。

おわりに

　国境を越えた人間の移動は、現在の世界では避けて通れない。当たり前のこととなっている。日本だけが例外であるはずもなく、多くの人々が海を越えて日本へやって来ている。そんな時代に、外国からやって来た人を日本から追放することだけを「国益」であると考える日本政府の「常識」は、もはや世界の非常識になりつつある。私たちの学校は、多文化多国籍化しており、そういう状況を当たり前のようにすべての生徒たちは受け止めている。周くん家族や李くん家族は、この日本で本当に慎ましく、まじめに、一生懸命生きてきた。周くんも李くんも、日本の学校で勉学に励んできた。誰に迷惑をかけるでもなく、多くの日本人に囲まれながら、楽しく、明るく生きてきたのだ。

　今後も日本社会には、さまざまな地域から多くの人が国境を越えてやって来る

に違いない。増え続ける外国人とどのように共生するか、それが日本の課題なのだろう。

追記

　本稿は2004年1月の段階で書いたものである。その後、周くんと李くんを取り巻く状況は大きく変化した。

　周くんは、2004年3月、高校を卒業し、4月には大学の入学式も終えた。大学側の特別のはからいで留学生寮の一室を借りることもでき、履修に関するガイダンスを受けたが、この時点で彼は退去強制令に服するかたちで中国へ帰国した。ただ、帰国する前に、留学ビザを申請していたので、それを唯一の望みとして、彼は日本の地を離れて行ったのである。

　関西空港から飛び立つ日、私たち教員や友人たちが見送りに行った。最後まで笑顔を絶やさない彼を見ながら、「必ず帰って来いよ」と声をかけることしかできなかったが、必ず帰って来れるという保証もない。この頃、私たちは少なくとも1年間は、彼を日本の地で見ることはできないと思っていた。

　それでも支援を続けていただいている方々や弁護士さんが、入管・法務省と折衝を続けてくださり、今年（2004年）6月、留学ビザが発行されることとなった。今後の生活など、多くの課題は残されているが、支援を続けてくださる方々や多くの友人に囲まれながら、周くんは念願の大学生活を送り続けることになる。

　一方、大学生の李くんは、今年2月に仮放免となり、大学に復学した。しかしその代償として支払ったものは、母親と妹の帰国と裁判の取下げであった。まだ不安定な状況だが、熱心に勉学を続けている。

2004年6月14日読売新聞記事

　※本稿は、2003年の全外教での報告文に加筆・修正を加え、さらに2004年6月末に追記を加えたものである。

児童養護施設から消えた安くん

　冬の寒いある日、小学5年生の安くん（仮名）は、児童養護施設「なかよし園」（仮名）に緊急入所というかたちで兄弟と一緒に入所してきた。両親のトラブルから警察に逮捕され、そこで密入国・不法滞在が発覚し、両親はそのまま入管へ。安くんも下の兄弟たちも、日本で生まれ、日本で育ち、母国語をほとんど知らなかった。

　安くんは、入所の際、児童相談所から母国へ強制送還されることを聞かされていて、施設へ入所後、何度か職員にその意味を尋ねた。職員も初めて聞く「強制送還」という言葉をインターネットやその他の資料でいろいろ調べたが、そのときは、その事実を受け止め、そのまま母国へ送ることしか方法はないと思っていた。

　施設に入所して3カ月後、「両親の処分が裁判所で出された。母国へ帰るお金がないため、お金ができ次第『強制送還』となり、2～3週間の間に迎えに行くことになる」と連絡が入る。その電話を受けた職員は、安くんにどのように伝えようか思案する。彼は職員からの話を泣きながら聞き、「お母さんと離れて暮らすのは嫌。とっても大好きだから。……でも……僕は、ここでの生活が楽しくて好き。日本にいて、ここで暮らしたい。ここで暮らせるのだったら、お母さんと離れて暮らしていてもいい……」と訴えてきた。

　職員のほうも彼の言葉になんとかできないのか、何か方法はないのかと考え、児童相談所にも相談の電話を入れる。「唯一方法として、日本にいる母親の友だちが彼（安くん）だけを引き取り養子縁組する方法がある」と聞かされ、かすかな望みを持つが、「裁判で決定した以上はそれも難しく、その手続きもややこしい。入管も認めないことが多い」とのことだった。

　そして施設に来て約3カ月後、安君は入管で母親と再会後、母国へ「強制送還」された。

竹内忍（保育士）

親の入管施設への収容に伴う子どもの児童相談所等保護施設への入所状況

	6歳未満	～12歳未満	～15歳未満	～18歳未満	計
1999年	44	6	-	-	50
2000年	79	21	1	-	101
2001年	142	28	6	2	178
2002年上半期	49	18	4	-	71

北川れん子衆議院議員（社民党）の質問に対する法務省入国管理局回答より（2002年11月5日）

家族を引き裂かないで
井上さん家族の場合

井野幸子

井上さん一家の事情

　井上鶴嗣さんは戦争中、中国に生まれました。1945年日本は戦争に負けました。その時鶴嗣さんは5歳、お父さん・お母さんと引き裂かれ、中国残留孤児となったのです。たった1人の鶴嗣さんを、血のつながりのない、中国人のお父さんが育ててくれました。
　大人になった鶴嗣さんは、中国人の琴絵さんのことが好きになり、結婚しました。琴絵さんにはそのとき、3歳と1歳の子どもがいました。小さいときに家族と引き裂かれた鶴嗣さんにとって、琴絵さんと2人の子どもたちはかけがえのない家族となったのです。やがて、鶴嗣さんと琴絵さんの間にも、4人の子どもたちが生まれました。日本人であったために苦しい生活でしたが、みんなで力を合わせて暮らしていました。
　日本と中国の国交が回復し、ようやく43歳になった鶴嗣さんは、日本に帰れるようになりました。そのとき一番上の子どもが「私がおじいちゃんの面倒を見るから、お父さん、みんなで故郷の日本へ帰っていいよ」と送り出してくれたのです。やがて、鶴嗣さんを育てた中国人のお父さんが亡くなり、家族揃って暮らせるように、中国に残っていた2人の子どもたち家族を5年前と3年前に呼び寄せたのです。ところが日本の決まりでは、血のつながりのない子どもは日本にいることができないと、中国へ帰されようとしています。

井上東くん、晴子さんは、在留資格を取り消され、2度入管に収容されたが、現在は仮放免され高校に通っている。とても感受性豊かな思春期、青春真っ只中の子どもたちに、2003年3月31日の福岡地裁の非情な判決がのしかかった。それにもかかわらず、5日後には東くん、晴子さんたちも仲間とともに、自らの体験を劇にして演じた。劇「友情の結び」の冒頭のナレーションである。それは劇だが、真実だった。

　井上鶴嗣さんは元中国残留孤児である。鶴嗣さんの私たちを包み込む温かさと、家族を守る一筋通った頑強さに触れるたびに、私は鶴嗣さんの生い立ちを思い起こす。鶴嗣さんは5歳で敗戦、父親と死別、そのうえ母と引き裂かれ、中国人の養父に育てられることになった。小日本鬼子といじめられながらも、養父にわが子同様の愛情を受け、鶴嗣さんは成人した。働いていたときに中国人で幼い姉妹を育てていた琴絵さんと出会い、結婚した。鶴嗣さんがそう育てられたように、2人の姉妹をわが子同様に迎え、貧しいながらも鶴嗣さんと幼い子どもたちは、たとえ血のつながりがなくても幸せな家族となった。しかし今になって、血のつながりがないからと、血のつながりを越えた家族の絆があるにもかかわらず、その2人の姉妹とその家族だけが中国に帰されようとしているのである。

　中国に残された鶴嗣さんは、日本人であったがゆえにさまざまな苦労をしてきた。文化大革命の嵐の中、そんな鶴嗣さん家族の厳しい生活を長女の菊代さんはしっかり支えていた。その後ようやく日中国交回復となり、鶴嗣さんも家族で日本へ帰国することになった。しかし当時結婚し子どももいた菊代さん家族が、鶴嗣さんの養父の世話をするために中国に残らなければならなかった。やがて、鶴嗣さんたちの日本での暮らしも落ち着き、中国の養父も亡くなってしまったため、

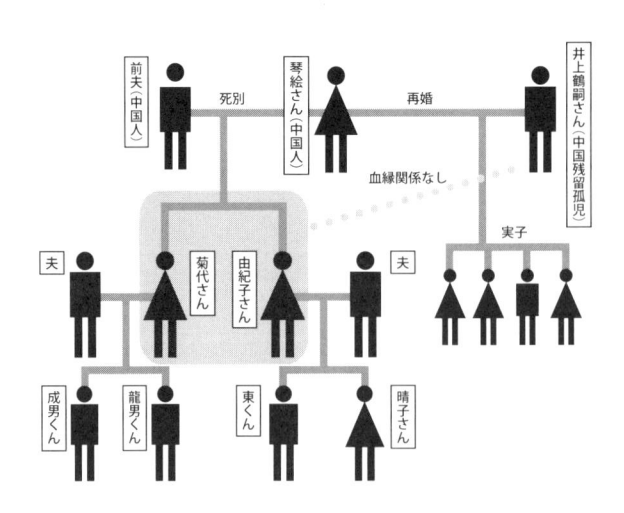

Section 2 子どもたちの願い

菊代さん家族を日本へ呼び寄せた。
　一方、次女の由紀子さんは体が弱かったため、幼い頃に養子に出されていた。まわりでは飢えのため一家全員亡くなるのをたくさん見ていた鶴嗣さんと琴絵さんが、由紀子さんの命を助けるため、やむなく選択したことだった。裕福な養子先の家庭で大事にされていると当時の鶴嗣さんたちは思っていた。しかしその後、養子先で実はたいへん苦労をしていたということがわかったため、由紀子さん家族を日本に呼び寄せることにした。
　こうしてようやく鶴嗣さんの「家族みんなで一緒に暮らす」という悲願が叶えられた。ところがそのささやかな幸せな暮らしが実現して3年めの2001年11月5日に、入管は、菊代さんと由紀子さんが鶴嗣さんの実子でないとして、姉妹の家族全員の在留資格を取り消したのである。

ガラスの向こうの子どもたち

　ある日突然、私たちとともに暮らしていた子どもたちの自由が奪われ、日本での暮らしや夢を奪われる。まるで荷物のように日本から放り出され、おそらくもう二度と日本に来ることができなくなる。それが強制収容、退去強制手続きだった。当時私は、東くん、晴子さん兄妹の在籍している中学校で、日本語指導担当として2人の授業に入り込んだり、取り出し授業をしたりしていた。「言葉もわからず、学校へも行けず、仕事も家もなく、頼る親戚もいない、厳寒期の中国に今帰されてどうやって冬を越すんですか。あの子たちが自殺してしまったらどうするんですか」という必死の家族や私たちの問いかけに、「そんなこと知りません。私たちの仕事は法に則り、資格のない人には日本から帰っていただく。あと3日から5日で納得してもらって帰します。私たちは仕事を一生懸命すればするほどバカヤロウと言われるんです」とあっさり入管の職員は答えた。1つ1つ日本での生活を時間をかけて作ってきた子どもや家族の努力は、こんなにも簡単に打ち砕かれるものなのかと愕然とした。しかも、その手続きに際して弁護士もつかず、人間として大事にされていないありさまに、まして子どものことなどまったく考えられていない処遇に黙っていられなかった。実際、精神的に一気に追いつめ、あきらめさせて中国に帰すのが実態だった。私たちは一刻の猶予もなく、たくさんの方の助

言を受けながら、家族とともに次々とできることをしていくので精一杯だった。

　子どもたちとの面会は、収容から4日めの11月9日にようやくできた。ついこの前まで他の子どもたちとなんら変わらない生活を送っていた4人の子どもが、ガラスの向こう側にいた。手を握ることさえできない。ガラス越しに精一杯の笑顔で私たちを見つめる晴子さんの目には、いっぱい涙がたまっている。東くんはうなずくだけ。龍男くんは一人無邪気に笑っていた。それが逆に辛かった。成男くんは、収容前は思春期特有のそっけないやりとりが常だったが、私たちの面会を素直に喜び、「オレ、何年ここに入れられても頑張るけん！」と力強く言った。この面会直前に見せられた子どもたちからの手紙は、もうあきらめて中国に帰るという内容のもので、収容された11月5日からの分をまとめて渡された。4人とも、お別れの前にせめて一番大事な人に会いたい、そこまで追いつめられていた。

仮放免になっても癒えない心の傷

　とにかくこの子どもたちを取り戻したい、そんな家族や私たちの願いを受け止めたNGO「コムスタカ・外国人と共に生きる会」との出会いによって、子どもたちの仮放免を勝ち取ることができた。18日ぶりに子どもたち4人とその養育のために母親2人が外に出ることができた。二度と直接触れ合えないのかと思っていた子どもたちが目の前にいた。このときの喜びは忘れられない。帰り道、缶ジュースを飲みながら、「ああ久しぶりに冷たいものを飲んだ」という子どもたちの言葉に収容の実態を思った。自宅に戻って来ても晴子さんはやはり眠れないと訴えていた。拘束されたなか、運動も制限され、ストレスの強い環境で眠れるはずもない。浅い眠りの中で夢を見ては目が覚めるという状況だったようである。たとえば東くんは、みんなと一緒に話したり遊んだりしているのに、みんながいきなり消える夢である。仮放免といっても本当に自由ではない。そのうえ、東くんと晴子さんの父親は、1人だけ人質のように収容されたままだった。

　その後、法務省交渉など考えられることを尽くしたが、残念ながらその年の12月17日に、退去強制令書が発付されてしまった。それと同時に子どもたちも含めて力づくの収容がなされた。そのときの晴子さんからの手紙にはこう書かれてあった。

先生方へ。お元気ですか？　来る時は絶対この中に二度と入りたくないと思いました。でも、自分の願いがなかなかかなわなかった。なんでかわかんないけど、どうして私たちだけこんな目にあわないといけないですかと思うと、悲しくて、泣いた。強くなろうと思うけど、できない。二度目この中に入って、本当に悲しい。なんでか分かんないけど、原因はいくつかあった。一、法務大臣はどうしてこういう結果を出したの？　二、どうして私たちの運命でこんなに苦しいなの？　三、どうしていろいろな事全部私に来るの？　外に出たい。行きたい。家族と幸せ一緒に暮らしたい。毎年の正月は家族とOR先生方と一緒にすごしたのに今年はどうすると？　もしかして……

　その後、再び母親と子どもたちは仮放免がとれたが、父親のみ再び力づくで長崎県にある大村入管に移送された。以来、福岡入管で旅行許可をとって、大村へ面会に行くという家族を引き裂かれた生活が1年10カ月続いた。この間の東くん、晴子さん家族の心に刻まれた傷は深く、また収容されていた間に損なった健康状態は深刻で、いつか癒えることがあるのかどうかは、誰にもわからない。

仲間たちの力

　仮放免後、東くんは数人の友だちに署名に協力してほしいと頼んだ。それを横で見ていた学級の子どもたちが、自分もするから署名用紙がほしいと言った。それを聞きつけた学年の子どもたちも、集めてくるから署名用紙をもっと持って来てと、それは野火のように広がった。子どもたちは、自分が集めるこの署名の一つ一つが東くんを日本に残すために力になるのだと、希望を持って署名活動を進めていた。

　家族に事情を話し、書いてもらうと、なかには「わかった、職場でも集めてくるから」と言う保護者もいく人もおられた。休みの日を使って一軒一軒近所を訪ねる子どもたちもいた。また、東くん、晴子さんの、自分で街頭署名がしたいという願いが、短い時間だったが、店頭署名というかたちで実現した。友だちが家の人に伝え、自転車で店に駆けつけてくれた。店に買い物に来る客に声をかけ、事情

を簡単に説明し、署名とカンパをお願いしていった。頑張ってねと声をかけたり、差入れをしてくれたり、店内でも集めていいと店の人もアドバイスをしてくれたり、応援してくれる人、素通りする人、帰されて当たり前だと反対意見を言う人、いろいろいることを肌に感じた活動だった。

　東くんは、この署名活動に友だちが必死になり、毎日東くんに集まった署名用紙を渡してくれている時期、一番いきいきとした表情をしていた。仮放免されたものの、父親は大村入管に収容されたまま、裁判の結果が悪ければ中国に帰される、いったい自分はどういう進路を描けばいいのか不安ななか、たくさんの友だちの姿に励まされていた。全員、受験直前の時期だった。「あと何人分あれば東は日本に残れますか」と、この署名の意味をしっかり感じていた。何か行動できるうれしさも感じていた子どもたちであった。私はこの子どもたちが卒業していくときに、一人一人の顔を見ていて涙がこぼれて仕方なかった。その後、一審判決直前の支援集会には、この子どもたちがメールで連絡し合い、たくさん駆けつけてくれた。

晴子さんの気持ち

　伝えたい、一人でも仲間にわかってほしい、そんな願いから晴子さんは、福岡入管に連れて行かれたときのようすや自分の思いを、作文に書いた。

　　二〇〇一年十一月五日に福岡入国管理局の人々が来て、いろんな理由で上陸許可が取り消されました。それを聞いた瞬間もう全てが終わり、時間がその瞬間に止まり、私の夢が全て終わったと思っていた。そのときの気持が悲しかった。涙がぼろぼろ落ちてきて悲しいです。おばあちゃん達に電話をかけようとした時に受話器を取られ、切れました。どこにいても入管の人がついてきます。いろいろな事入管の人がついてきます。もう中国に帰るんだと思っていました。（略）
　　朝の7時くらいになって、車に残りました。その車はふつうの車ではなくなんか罪を犯した人を乗せる車みたいでした。おばあちゃんの家の前を通っていきました。そこはおばあちゃんの家ですので、少しぐらいでも話をさせてく

ださいとお願いをしても「ダメです。」と言われました。おばちゃん家族も連れてきました。高速に入ったばかりで雨が降ってきました。「もし、神様が私たちはもう中国に帰ることを知っているから、悲しんでくれたの？」これでもう本当に終わりなの？（略）後に向くとお兄ちゃんが泣いている。お兄ちゃんの横にお父さんがいます。お父さんのやさしい顔を見つめていました。お父さんの目が潤っていました。どんな苦しい時だって、お兄ちゃんとお父さんの泣き顔見た事がありません。そんな悲しい顔を見ると、私もいつのまにか涙がボロボロ落ちてきた。静かな高速道路走っていた静かな車の中に涙が落ちてくる音しか聞こえません。父と兄はどんな悲しいかすごくすごく感じます。

（略）

　ある日先生たちが仮放免できると言った時がとてもうれしかった。でも、その代わりにお父さんが残らないといけないって聞いた時悲しいです。すごくすごく悲しい。私たちが出ていて、お父さんと離れたくない！離れたくない！離れたくない！私たちはお父さんを見て何も言えない。ただ、お父さんの手をさわって、これから離したくないと強く意志した。私の涙が止まらなくて、お父さんも一緒でした。これ、私の人生にとって一番いやです。あの部屋から出て、先生達を見て、その瞬間考えた事をすぐにも先生のところに行って、先生を抱いて、思いっきり泣く事、おばあちゃんを抱いて泣く事、おばあちゃんお父さんが出られない、悲しい悲しいすごく悲しい。（略）泣いて泣いていました。それからお父さんが大村に移されました。会うのも難しくなりました。毎回お父さんと会って、お母さんは必ず泣く。私はお父さんの前では泣きません。私は悲しいですよ。でも絶対にお父さんの前では泣きません。もしどうして一人だったら、わたしがお父さんの代わりにしてほしいです。私はいつも家族と口ゲンカするだけど、本当はみんなを愛しているの。特にお父さんお母さん。誰も傷つけないようにとこれから守っていきたいです。（略）

東くんの気持ち

東くんはその体験の凄まじさから、仮放免後に「もう涙も出ない、泣けないの

が辛い、書けない」と言っていた。しかし、その後、全国在日外国人高校生交流会のなかで真剣に受け止めてくれる子どもたちと出会い、また、すぐそばにいる仲間とのつながりのなかで、一気に自分のことを綴っていった。東くんからもまた、わかってほしいという思いがひしひしと伝わってきた。

　僕は四年前、家族と一緒に日本に来て日本語が全然わからない状態で学校に行きました。でも、僕にとって一番きついことは、それじゃなくて「11・5事件」だ。
　2001年11月5日の朝6時僕の生活におそわれて来ているのは"福岡入国管理局（以下入管）"です。なんも言わずで、僕の家族を連れて行きました。
　車は高速道路の中央で速いスピードで走っています。その時僕の気持ちは、「友人に会いたい、あの人に会いたい、このまま中国に帰るのはイヤ。僕には仲いい友達がいっぱいいる。このさき友達と離れるのはゼッタイイヤ」
　この時の僕は、友達との距離ははなれています。「時間は止まったらイイね。」と思って、ずっと車の外を見ました。僕には夢がある。もし、このさき中国に帰ったら、僕の人生はもう終わりだと思う。いろいろ考えて、ぼくは泣きました。本当に泣きました。生まれてからどんな怪我でも、どんな痛みでも、僕にとって全部我慢できる。
　でも友達とはなれ、あの人とはなれ、日本にいる先生たちや親戚とはなれ、僕のなみだは止まらなくなりました。僕にとって、自慢の事は、仲いい友達がいっぱいいることです。でも、今この友達とはなれ、本当に心つらいです。
　入管の一日目。
　入管に入って、僕の人生はすべて奪われ、孤独の僕は、今、友達や友達に会いたい。
　「友達は俺の事、もう知ったかな。いつここに来られるかな。早く来て、みんなに会いたい。今の俺は、とっても悲しい。誰かわかるかな。俺には自由がほしい。俺には友達がほしい。ここにいるのはイヤ。……」
　泣きながら自分に言いました。
　「親しい友達、すまんな。なんも言わずにあなた達とはなれ、許してくれ。昔あなたたちと、一緒に過ごして来た日々は、本当に楽しかったよ。俺もあ

なたたちとはなれたくない。でも仕方ない。また中国で会う。ずっと親友ね。」

「大切な君、ごめんね。今の君は悲しんでるでしょう。傷つけてすまんな。本当は君に会いたいよ、1分間でも。でも無理ね。許して。なんも言わず君とはなれて、本当は、ずっと君のそばにいたいよ。君と話しをしながら夜空をのぞんで楽しかったよ。できれば一目でもいい。君に会いたい。」

「親切な先生方、僕は日本に来て先生達と出会って、本当によかったと思い、いつも学校でなんかあっても、先生達はいつもそばで応援してくれて本当にありがとう。先生方は、人に対しての親切や、人と共に歩いて行こうの姿は本当に感動しました。」

考えて、考えて……知らない間に僕は寝ました。

入管での生活は、毎日、自由がない生活だった。その中で、毎日友達や先生達やあの人の事を思い出して、それで18日の入管生活を過ぎました。僕たちは仮放免を取って、とってもうれしかったです。でもお父さんは、まだ入管で収容しています。お父さんの顔を見て、僕は何も言えなかった。18日前、僕は友達とはなれ、今日は、僕、お父さんとはなれ、この生活はもうイヤ。悲しみは再び、僕におそわれてきました。

入管から出て来て、久しぶりの太陽は、なんか暖かくて、気持ち、「僕の自由は戻って来ました。」と大きな声で言いました。

「もう二度とここに入らない。」自分に言い続けました。

先生達の車に乗って熊本にむかって行きました。今、僕、感じるのは、友達との距離は近い。もうすぐ会えるんだ。あの人の気も感じる。熊本に着き、周りの景色はなんか美しい。前と同じだけど、でも、今見るとなんか美しい。友達と会ってから、何を言えばいいかわからなけど、でも、今僕は本当にうれしい。

いよいよ法務大臣の結果が出てきました。再収容の可能性があるという事は、自分にも分かってます。でもどうやって、友達に言えばいいか、どうしたらいいかと考えて、結局、黙って行きました。第2回の収容の時は、入管から暴力を受けました。痛い、ぼくの体は痛い、でも心の方がもっと痛い。再び友達とはなれ、再び入管に入って、ぼくは絶望しました。

二、三日たってから、僕は先生や友達からの手紙を読みました。みんな応

援してくれて僕は再び勇気を出して、入管と闘っていきます。だから僕たちは、今、入管と裁判をして、勝ちの可能性は低いけど、僕たちはあきらめない、がんばります。それは、みんなは僕たちに対しての希望です。(略) 自分が幸せに生きていくの楽しいだと思う。でも、みんな共に幸せに生きていくのはもっと楽しいです。

兄妹の思いが歌に

　自分の思いを表現し始めた東くん、晴子さんたち。けれど、その頃、深く傷ついた晴子さんたちの命を私たちだけでは守りきれない、そんな危機感が私たちにあった。そんななか人権問題をテーマにコンサート活動をしているグループの宮崎保さんと出会う。そして自分たちのことを歌にして伝えたいと、東くんたちは詩を書き始めた。たくさんの言葉が溢れてきて止まらない。書きためたものを宮崎さんが「離れたくない」という歌にしてくれた。鶴嗣さんは大好きな焼酎を飲みながら「あの歌はね、先生、とっても深いよ。とってもいろんな意味がある。あれはいい」と言ってくれた。

　　　　　　　　　　離れたくない

　　　　　　　　　　　　　　　作詞　井上 東・井上 晴子
　　　　　　　　　　　　　　　補作・作曲　宮崎 保

1. 離れたくない　離されたくない　家族や友やあの人と
   離れたくない　離されたくない　やっとなじんだ　この空と
   夜中に眠れなくて　夜空を見上げてると　父の笑顔が浮かんだ
   「父さんは大丈夫だよ」と　ささやく声が聞こえた
   優しい父の声が

2. 離れたくない　離されたくない　家族や友やあの人と
   離れたくない　離されたくない　優しい目をした　先生と

ある朝突然に　知らない人たちから　僕らは収容された
　　友達は僕のことを　知っているのかな
　　早く会いたいみんなに

3. 離れたくない　離されたくない　家族や友やあの人と
　　離れたくない　離されたくない　おじいちゃんの故郷　この国と
　　私は泣きました　私が何をしたの　でも私は負けない
　　大好きな日本の家族と　大好きな日本の友達
　　一緒に暮らしたい

（本稿末尾に譜面掲載）

非情な判決につぶされなかった子どもたち

　東くんと晴子さんを含む2家族は、日本に残るために裁判で闘っている。しかし、福岡地裁の出した判決は厳しいものだった。血のつながりはなくても家族の絆はあり、平穏に日本に定着していることも認めながらも、法務大臣の裁量は広く違法とはいえない、つまり中国に帰されても仕方がないというものだった。

　絶望に突き落とされた子どもたち、家族だったが、立ち止まることなく、即高裁に控訴した。励ます言葉もなかった私たちだったが、井上さん家族を励まし

2003年3月31日朝日新聞記事

支えるコンサートが、その5日後に予定されていた。すでに子どもたちはそのコンサートで、劇をしようと動いていた。収容されたときから仮放免されるまでのことを自分たちで台本に書き、本人たちが演じていくというものだった。毎日練習に集まり、練習でそのときはこんな気持ちだったよねと進めるうちに、練習、取組みそのものが学習の場となり、また、仲間がつながっていく場となった。あらためて、収容されているときの東くん、晴子さんたちの思い、面会に行く子どもたちの思いをみんなで追体験することとなった。「友情の結び」がその劇の題である。そのシナリオにちりばめられた台詞から、子どもたちの思いを伝えたい。

ナレーション：11月6日、家族も、先生も、誰も、面会が許されていませんでした。何の励ましもなく中で追いつめられ、あきらめさせられ、すべての権利を放棄するという「放棄書」を書かされてしまえば、すぐにでも中国に帰されます。東は私の大事な友だちだから無駄足になってもかまわないと、よしこは会えるかどうかわからないなか、とにかく福岡入管に向かいました。

よしこ：今日会えるかな？　先生たちが面会のことについて、精一杯頑張っているけれど、入管の人のようすが全然変わっていませんでした。もう会えないだろ、東、放棄書は絶対に書かないでよ。私たち一緒にいる日々まだ覚えているでしょう。忘れてないよね！　いくら苦労しても、私たちが待っているからね。東に話したいことはまだいっぱいあるんだよ。だから、お願い、あきらめないでね。

ナレーター：福岡入管は遠いです。私たちだけでは面会に行くことができません。狭い面会室、入ったら鍵が閉められました。東は大きな厚いガラスの向こうのドアから、冷たい顔をした入管の職員に連れられて来ました。

（東、入管の職員に連れられ面会室に入って椅子に座る。）
（入管職員、後ろに座り監視をしながら、2人の話をメモする。）

東：「最近は元気？」
正：「元気だよ」
東：「みんなも元気？」
正：「うん、東は日本に残られる？」
東：「残りたいけど……でも、絶対帰るしかないと言われた。裁判しても絶

対負けるって言われた。だから、残る可能性は低いよ」
正：「じゃあ、俺たちの夢は、一緒に会社を作ろうっていう夢は、どうする？」
東：「他の人を探して」
正：(立ち上がって)「ふざけんな！　お前じゃないとだめだろう！」
入管職員：「落ち着きなさい。面会を中止しますよ。」
正：「東は日本に残らなきゃだめだよ！」
入管職員：「時間です」
正：「じゃあ、また来るから、元気で」
(正、出て行く。東、面会室を出て)
東：僕にはこんなに大切な友だちいるなんて本当にうれしいです。でも、今の僕はまだ収容されています。みんなに会いたい、早く出たい。日本に残れるよう頑張ります。
ナレーション：わずか30分の面会を終え、正は寂しく学校へ戻りました。東が痩せて、日本にいられる可能性が低いと言ったことをよし子や彰に言いました。面会時間はただの30分なのに、悲しくて辛くて、涙を我慢して話すには長かったと……。
正：「俺、今日東と会ったばい」
よし子：「へえ、本当に？　元気そうだった？」
正：「痩せたみたいよ」
よし子：「まだ日本にいられるかな？」
正：「東は日本にいられる可能性は大きくないと言ったよ」
よし子：「そうなんだ……。今の東は落ち込んでいるでしょう」
正：「顔まで見てなかったけど、ただの30分、俺にとって長かったよ。我慢してあいつと話したけど……。どうやって言えばいいかな～？　悲しくて、辛かったよ」
(話している2人のところに彰が来る)
彰：「何を話しているの？」
正：「俺、今日東と会ってきたばい」
彰：「彼はどうですか？」
正：「痩せたばい」

彰：「俺も会いに行きたいけど、どうすればいい？」
よし子：「先生たちと相談してから、連れて行けるようにしましょう」
正、彰：「いいね。いいよ」
（東の面会に行く途中）
よし子：今度こそ会えるでしょう！　でも怖い、ドキドキだよ。会って何を言えばいいかな？　話したいこといっぱいあるんだけど、でも、何を話すかはまだまとめることができません。東に中のことを聞いていいかな？　でも、聞けない、泣きそう。まだ10代の中学生なのに、悪いことを一度もしたことがない東が、なぜこういう目に遭わなければならないだろう。考えて、考えて、いつのまにか、涙が目に浮かんできた。
彰：私は正から、東の今の状況を知った。だから、東はとても悩みや辛いことがいっぱいと思った。今、東はとても寂しいだろう。仲間たちとすごく会いたいだろうと思い、今日、私、先生とやっと東に会いに行くことができた。会えるのはうれしい。でも、私は複雑な気持でいっぱいだ。元気を出して頑張ってくださいと、心から伝えたい。
正：東、会いに行くのはこれで2回めです。彼はまだ1回めと同じような悲しい目つきで俺を見つめてくるかな？　俺はどうやって彼を慰めてやれるかな。どうやって、どうやって？　彼のことを心配している気持ちを彼に伝えてやれるかな。東の彼女の涙を見ると、とても心配です。

　その劇は、コンサートに一緒に取り組んだメンバーで、定期的に合同の学習会を重ね、練習をしてきた。子どもたちは学習会の開かれるペースよりはるかに速いスピードで友だちになり、指摘し合い、それぞれ向き合っている課題は違うけれど、本当の仲間になり始めている。

本当の仲間

　その半年後に開いた自分たちの集会で、再度子どもたちは自分たちの思いを伝えた。

僕はとても寂しがりやで弱い人間です。口も悪いし、今まであんまり親友はできなかったです。僕の心までわかってくれたのは東と今の彼女です。でもこの2人も僕から離れていくかもしれません。考えるだけで体がしびれてきます。東は今、家族のことで裁判を起こしています。もし負けたら中国に帰されるという状況です。ときどき彼と公園で話をするとき、「裁判、大丈夫？」と聞くと、いつも自信満々で「うん。勝ってる」と答えます。僕はできるだけ彼と話をしています。自分の気持ちを話して、この友情を続けたいです。僕から離れても親友に違いないです。　　　　　　　　　　　　　　（正くん）

　お母さんは幼いときにおばあちゃんと離れ、やっと30年近くの再会で、ただ1つの願いは、親のそばにいて、親孝行をしながら楽しく暮らしていきたいことだけです。今年の3月31日に一審の判決が出ました。家族として認めるけれど、でも、法律上に考えると在留資格は認められないです。その話を聞くときに、家族や先生、友だち恋人たちはみんな泣きました。なんでこんな判決を出すのか、僕たちにはわかりません。僕たちの願いは、家族と一緒に暮らしていきたいだけです。この判決は僕たちにとって、とても重大な打撃です。でも僕たちはそこで負けることはできません。まわりには大切な先生、友だち、恋人。そして僕たちのために2001年11月5日からずっと今まで入管に収容されているお父さんもみんな僕たちの味方です。僕たちのために頑張っている人たちに失望させないように立ち上がって、第2回の裁判をしています。いい判決が出るように願っています。　　　　　　　　（東くん）

　2年前、収容は精神的にも肉体的にも大きなショックを与えました。突然の出来事に受け止められない部分が非常に大きかったです。そのときから、日本人の事を憎む・憎む、疑いがたくさんありました。「神様は不公平だ」という考えばかりでした。毎日毎日、部屋の中に閉じ込められて外には出られない。おいしい空気を吸うことができない。自由もない。私たちの動きを監視している入国管理局の人たちを憎む・嫌い。言いたいことが言えない。悲しくても泣けない。叫びたくても叫べない。嫌な思いがいっぱい・いっぱい

家族を引き裂かないで〜井上さん家族の場合〜

で胸がつまります。2年間で周囲のみんなから「あんたは強いよ。偉いよ」と言われます。それは、ちゃんと物事を受け止められるようになったから。ただ、私は「強い・偉い」ではなく、ただ「起きることは起きる。来ることは来る」、だから、受け止めるしかない。私だけでなく、みんなもそう思いませんか。毎日眠れなくてきつい・きつい生活をしていたのに、3月31日はさらにショックな判決を言い渡されました。私は「死にたい」と思っていた時期がありました。本当に生きていても意味がない、つらい！ こんなにたいへんなんて思ったこともない。自分がこの世にいるべき人間じゃない。この世界も私に合わない。でも、もし、私が本当に死んでしまったら……。みんなと出会うことができません。この時期はとても・とても辛かったです。でも、今の私は、その頃の私とまた違っています。　　　　　　　　　　　　　　　（晴子さん）

私たちの闘い

　私たちがそんな子どもたち、家族とともにできることは限られている。仮放免中の晴子さんたちは月に1度、仮放免を延長してもらうために熊本から福岡入管まで行くが、誰かがそのときになるべく一緒に行くようにしてきた。その車中で、待合時間で、いろんなそのときの生活上の問題や、悩みごとを聞くなかで、厳しい生活に押しつぶされないようにと願ってきた。また、子どもたちにとっては、展望の見えないなかで何気ない日常生活を送ること自体がとても難しい。

　裁判の準備や傍聴もあるが、なにより、東くんや晴子さんのことをわかりたいと願ってくれる友だちの存在によって、子どもたちに笑顔が戻るのを見るたびに、私たちは子どもたちがつながろうとする仲間と出会う場に立ち会えたことを幸せに思う。「もう頑張れない」「何をしても変わらない」と一審敗訴のときに、絶望の淵に落とされた子どもたちと井上鶴嗣さん家族とともに、私たちにできることを探して、切り拓いていきたいと思う。「妻の子どもは私の子ども、もう決して離れたくない」という井上鶴嗣さんの願いを叶える日まで、家族が引き裂かれない日の実現まで私たちもともに進んでいこうと思う。

離れたくない

作詞 井上東 井上晴子
補作・作曲 宮崎保

家族を引き裂かないで〜井上さん家族の場合〜

守られた家族の絆
鄭さん尚さん家族の場合

鄭さん尚さん家族を支援する会

母からの訴え

　2002年12月に大阪市東淀川区東中島に住む尚秀娟(シャンシュチェン)さんが、啓発小学校の担任の教員やあすか保育所の保育士に、「中国に帰らなければならない」と話した。彼女が話す日本語では十分内容が伝わらず、聞いた者は「正月に里帰りでもするのでは？」と思っていたのだが、切実に訴える姿と新聞の切抜きを見て、弟の尚立斌(リービン)さんが入国管理局に収容されたこと、2家族が退去強制命令を受けていること等が判明し、驚きでいっぱいになった。すぐさま学校内や保育所内で確認したのちに、「東淀川解放教育共闘会議」をはじめ関係組織に問題を提起したことから、2家族を支援する取組みが始まった。

　尚秀娟さんは、中国残留孤児である吉岡勇さんの継子（いわゆる連れ子）で、夫の鄭立国(チェンリークォー)さん、啓発小学校2年生の鄭十方(スーファン)くん、あすか保育所1歳児の鄭涵文(ハウェン)ちゃんと2歳の鄭煜(イク)ちゃんの5人家族である。弟の尚立斌さんは、妻の紀承(キショウ)さん、木川保育所2歳児の泓池(ホンチー)ちゃん、1歳児の伯霖(ポーリン)ちゃんの4人家族で、大阪市東淀川区西隣の淀川区西宮原にある市営住宅に居住している。

　「新聞が報道することの大事さを、痛感しました」と最初に話を聞いた教員は、母の訴えにすぐさま対応できなかったことについて率直に反省を込めて話された。啓発小学校やあすか保育所では、詳しい事実関係を把握するために、校下に居住されている啓発小学校・元保護者の中国人の方に通訳をしてもらい、鄭さん夫婦から聞取りをした（家族のカタカナ表記についても、通訳の方と相談のうえで決めた）。

中国残留孤児と継子家族の在留資格の問題

　中国残留孤児である吉岡勇さんは、1941年10月に三重県上野市で生まれた。1歳のときに満蒙開拓団の一員として両親と中国東北部（旧満州）に渡った。2歳のときに母が亡くなり、父と子の生活になったが、1944年、3歳のときに父は徴兵されて南方に行ったので、1人になってしまった。1945年の敗戦とともに中国人養父母に引き取られ、中国名として尚保慶を名乗ることになる。1921年生まれの養母の茄 文 霞（チィエウェンシィア）さんとは、現在も一緒に生活している。1977年、2人の「連れ子」のある于 鳳 安（ユイフォンアン）さんと再婚。1981年に一時帰国を果たし、敗戦後に日本に帰国していた父と再会することができた。しかし再婚した妻の継子2人が幼いことや、妻の于さんの不安もあり、日本に永住帰国したのは1995年であった。吉岡さん尚さん親子の身元保証人は、いずれも大阪中国帰国者センターの竹川理事長がなっておられる。

　吉岡さん夫婦は、中国に残してきた尚秀娟さん尚立斌さん姉弟のことが気になって仕方なくなり、「継子の2家族を日本に呼びたい」と竹川理事長に相談。吉岡さんが再婚したときに6歳と4歳だった姉弟は、すでに結婚して27歳と25歳になっており、姉の秀娟さん夫婦には、子どもで3歳の十方くんがいた。竹川理事長は吉岡さんの意向に沿って、入国管理局の担当者に「継子でも日本に呼び寄せることができるのか」と問い合わせたところ「大丈夫です」との返答だったので、吉岡さんたちに書類を用意することを勧めた。しかし、この経緯は書類に明記されていないので、入国管理局は認めようとしていない。

　鄭さん尚さんの2家族は、1997年日本に入国し、中国残留日本人（いわゆる「孤児」「婦人」）や他の呼寄せ家族と同じように、大阪

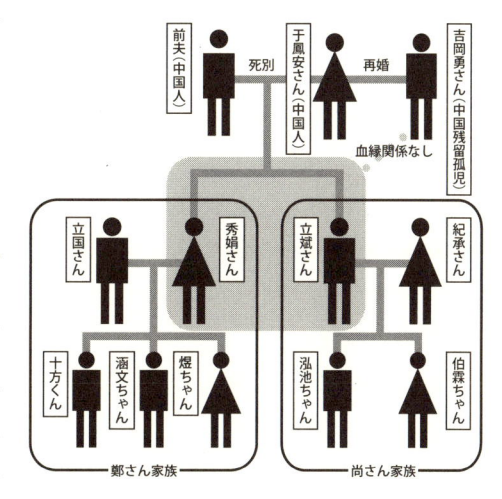

守られた家族の絆〜鄭さん尚さん家族の場合〜

中国帰国者センターに宿泊して日本語や生活習慣、文化などを学習した後に、公営住宅と仕事の幹旋を受けて生活するようになった。鄭さんの第2子と第3子、尚さんの子ども2人は、いずれも日本で生まれた子どもである。決して楽とはいえないが、退去強制命令を受けるまでは平穏無事に慎ましやかな生活を送っていた。しかし「上陸許可の取消し」「退去強制命令」と在留資格が取り消されたことで、大阪府外に出ることができなくなり、三重県の鉄工所で働いていた鄭立国さんは職を失い、淀川区内の会社で派遣社員として機械のメンテナンスの仕事をしていた尚立斌さんも、強制収容されたことで解雇された。

　入国警備官の違反調査により「容疑あり」となった場合、収容して入国審査官に引き渡すことになる。もし仮放免が認められれば在宅で審査となるのだが、その際には保証金と保証人が必要となる。尚立斌さんは2002年11月25日に強制収容された。12月2日に入国審査官による違反審査が行われた後、竹川理事長の抗議もあって、12月4日に仮放免になった。他の8人は12月24日に出頭し、その日に仮放免となった。しかし、すべて同日に「退去強制事由に該当の認定」がされたので、特別審理官に口頭審理を請求することとなったのである。

　口頭審理は12月5日に尚立斌さん、2003年1月15日に紀承さんと2人の子ども、2月13日に鄭立国さん、3月4日に尚秀娟さんと3人の子どもという順で開かれた。口頭審理の結果はすべて「認定に誤りなし」との判定が下され、同日不法上陸と断定されたので、2家族は法務大臣に異議の申立てを行った。一人一人が審理官に「正式な手続きを経て入国が認められたのに、なんで今になって中国に帰れというのか」と、入国の経過を説明して精一杯の抗議を行ったが、審理とは名ばかりで「違反事実に変化がなければ、結果は同じです」との回答であった。

　実子なら日本での在留資格が認められるにもかかわらず、親子としての実態がありながら継子ならば強制送還の対象となる。日本政府の入管行政こそは、家族の絆を引き裂く理不尽なものといわざるをえない。

　2月17日の地域集会で記念講演をされた丹羽雅雄弁護士は、「かつての入管局長は、外国人は煮て食おうと勝手であると発言し物議をかもし出したが、今まさに同じことが起こっている。この問題は、①日本が中国に対して行った侵略戦争における戦後処理が実行されていないこと、②家族は同じところで生活する権

利を有するとした国際人権規約や、児童は最善の利益を得ることができるとした子どもの権利条約に反していること、③とくに教育を受ける権利が侵害されている等々の問題があること」を指摘された。とくに、日本政府は批准した条約を国内法より上位に位置づけなければならないにもかかわらず、無視するような態度で臨んでいることに対して強い口調で批判された。

地域内の支援の広がり

　啓発小学校の教職員や保育所の保育士を基点に、支援の輪がまたたく間に広がっていった。この地域には、部落解放同盟の飛鳥・日之出・南方3支部と5校の教職員組合分会が中心になり、保育所、青少年会館、障害児・者の生活と教育権を保障しよう淀川・東淀川区民の会（しよう会）などが加盟する「東淀川解放教育共闘会議」、また、当事者の子どもが通う啓発小学校が同和教育推進校であったことから、地域社会福祉協議会・連合振興町会・民生委員会・青少年指導員会・体育指導員などの校下の諸団体を網羅し、人権教育を推進する「啓発地区育成会」が組織されていた。解放教育共闘会議の役員が事務局を担うことになり、この2つの組織に加盟している団体に支援の会の入会と、署名活動などを訴えた。

　2003年2月17日の地域決起集会には、小学校PATや保育所保護者会から案内があったものの、ほとんど口コミで2家族のことが伝わり、280人もが参加し、会場の住宅集会場がいっぱいになった。そこで「鄭さん尚さん家族を支援する会」が正式に発足し、会の代表を啓発小PTA会長に、副会長を鄭さん家族が住む大阪市営山口住宅の自治会会長（振興町会会長）、あすか保育所保護者会会長、啓発地区育成会会長、教育共闘会議議長が就くことを決めた。自治会会長は、「鄭さん家族は同じ住宅に住む会員であり、積極的に自治会活動に参加しており、私たちには欠かせない存在です。安心して日本で暮らせるように、精一杯頑張りたい」と、仲間としての心強いあいさつで参加者に支援を訴えた。

　この集会において10万人署名が提起され、各団体で取り組まれた。啓発小のPTAは、鄭さん家族が支援を広げるために出店している、新大阪駅東口のフリーマーケット会場でビラ配布、署名活動を展開した。土曜日の午後ということもあ

2003年3月13日大阪日日新聞記事

り、役員の子どもや十方くんの同級生も一緒に行動した。以後、鄭さん尚さんと吉岡さん家族は、資金作りを兼ねた訴えの場として、「鄭さんの水餃子の店」を柴島浄水場の桜まつり、共走共生マラソン大会、淡路福祉まつり、啓発地域＆飛鳥夏まつりなど、さまざまな地域のイベントに出店することになった。とくに桜まつりは、約2週間の長丁場なので、啓発小学校の調理室をお借りして、PTA会員を中心に支援者が水餃子作りに集まったのだが、作るのが初めてという人がほとんどなので、鄭さん尚さん家族を講師にした「餃子教室」になってしまった。数はあまりできなかったものの、家族と支援者が楽しく交流できる場になった。

　このような取組みから、日本語が不自由なためにあまりしゃべらなかった家族も徐々に打ち解け、片言でも会話に加わることが増えていった。保育所の送り迎えでは、保護者会の役員が進んで父母に話しかけることを心がけたり、歓送迎会に参加を呼びかけた。各自料理を持ち寄って住宅の集会場で開くささやかな催しであったが、鄭さん家族の心境を聞く場となったことに加え、いつになく2家族がいきいきとする姿を見てパーティやお祭りが大好きなことを実感し、歓送迎会に参加した保護者・保育士や職員がともに楽しいひとときを過ごすことができた。

地域から地区外への支援の広がり

　支援する会では、組織的な街頭宣伝活動を4回開催した。桜まつりでの「鄭さんの水餃子の店」と、新大阪駅・西中島南方駅・淡路駅のターミナルでの街頭

宣伝活動である。そして、支援する会に加入している各団体は、地区外・組織外への働きかけを展開していった。教組分会や保育所・青少年会館分会から、市教組や自治労大阪市職民生支部・教育支部へ署名の要請を行った。部落解放同盟は大阪府連合会傘下の47支部に訴えるとともに、部落解放府民共闘会議と共催した「人権侵害を受けた被害者を救済するための集会」に2家族が訴える時間をつくり、府民の課題としての広がりを訴えた。

個人的な関わりもこの活動の大きな特色である。住民一軒一軒を訪問して、署名を獲得する地道な活動が繰り広げられた。啓発小学校のある教員は、キリスト教会ミサの場で参加者へ訴え、全国の教会を通して署名が送られてきた。

また、十方くんが脳性マヒの障害児であることから、自らの問題として「しよう会」が大阪府内外の障害者団体に呼びかけ、多くの賛同署名を得ることができた。フリーマーケットや桜まつりでの「水餃子の店」の出店に際しても、福祉法人ノーライゼーション協会をはじめとする多くの組織の支援があったから実現できたのである。

4月15日に第2回の決起集会を開催した。地域だけでなく自治労や教組をはじめとする部落解放府民共闘会議の動員もあり、約300人が参加した。この集会は、5月22日の院内集会に向けた前段集会と位置づけ、吉岡さんが残留孤児として困難な生活をしてきた状況や、鄭さん尚さん2家族の親への思いなどを聞き取った。とくに中国帰国者センターの竹川理事長が、同じ孤児だった立場から歴史的事実や2家族の保証人として入管局とやりとりした内容を助言者として話してくださった。

集会は大いに盛り上がったのだが、支援する会の役員・事務局は5月22日の院内集会に向け共闘の広がりをどうするのか、大いに悩んでいた。というのは、3月31日に、熊本県菊陽町に住む井上鶴嗣さんの継子家族に対する裁判の判決が福岡地裁であったのだが、期待されていたにもかかわらず敗訴になったからである。井上さんと継子家族の状況が、あまりにも吉岡さんたちと似ていたので、非常にショックを受けた。

会では4月の集会前後から、超党派の協力を求める積極的な行動を展開することになった。それまでは、集会の案内が載った新聞の記事を見て自主的に参加された民主党の稲見哲男支部長（のちに衆議院議員）と、彼が参加を呼びか

けた市会議員だけの参加だけであった。支援する会は地域の組織で、さまざまな政党の支持者の方がおられるので、支持者から各党の市会議員を紹介していただき支援を訴えた。市会議員から国会議員への働きかけがあり、民主党だけでなく公明党・自民党の議員にも、5月22日院内集会の参加と支援を約束していただいた。

あすか保育所の取組みから

当時の中島美智子所長は、鄭さんの子どもたちが入所した経過や支援する会の活動について、次のように思い出されている。

> 2001年12月、恒例の「もちつき大会」が行われた土曜日に、飛鳥人権文化センターで開催されている「識字教室」の学習者が見学され、その中の中国人のひとりが尚秀娟さんでした。みんな、つきたてのお餅のおいしさと師走の楽しい雰囲気に気分が高揚していましたが、彼女はとても控えめでした。同世代の子どもがいると言うので、保育室に案内しました。お餅をたらふく食べ終えて遊ぶ子ども達に目を細めながらも、通訳の人に「寒そうで、かわいそうだ。」と、ささやかれたそうです。この機会にと思い入所を進めてみましたが、「暖かくなったら、行かせて見たい。」との返事でした。保育所の子どもたちは、薄着姿でしたが決して寒そうではなかったのですが、尚さんのふるさとは冬になると零下20～30度の中国・遼寧省であると聞き、半そで姿の子ども達がいる保育所を異様に感じたかもしれないと思いました。
>
> 何度かの誘いがけが通じたのか、2003年9月の入所を希望されました。しかし、残念なことに2歳児クラスは定員いっぱいのため兄のイクは入所できず、妹のハンウェンだけが1歳児クラスに入所しました。しばらくは、登所しても大泣きだったのですが思ったより気丈で、早く泣きやみ給食やおやつも慣れた味のものはひとりでしっかり食べました。保育士が覚えた中国語でことばをかけると、にっこりとほっとした顔になるのが印象的でした。ただ、おしっこを訴えられず、保育士も気づかずに漏らしてしまった時は、「わかってあげられずに、ごめんね。」という思いをもちました。

この頃、一家でいちばん日本語がわかる父の立国さんは、三重県へ働きに行き金曜日の夜に帰ってくるという生活でした。土曜日の朝に父がハンウェンを保育所に連れてくるので、この時は父が保育所の職員から質問ぜめになっていました。しかし、日々の伝達は母になります。ジェスチャー、筆談、ひらがな、それより漢字という具合に、どちらも必死で伝えようとしました。中国語辞典も少しは役に立ちましたが、心のうちがストレートに伝わらないもどかしさを、お互いが感じずにはいられなかったのでした。例えば、えんそく・おべんとう・おにぎりなど、私達は当たり前に言ってしまうのですが、聞いてみるとあまり暮らしの中にはないものでした。

　12月になって保育所行事の「きらきらひろば」という子どもたちの活動発表会のとき、客席で涙ぐんでおられたので通訳の方に尋ねたところ、「お話を聞いて欲しいが、週明けに。」とのことでした。週明けに聞かされたニュースは、驚くべき悲しい知らせでした。「当たり前の親子やんか、いっしょに住む権利がある。」と感じ、強制送還させられようとしていることに対して怒りでいっぱいになりました。個人的にいろんな場で、支援の会への結集を訴えていきました。「支援する会」の運動の中で、母の秀娟さんはいろんな場面に直面し、たくさんの人と出会うことで少しづつ明るくなっていきました。兄のイクも4月より入所し、朝泣いて泣いても妹のハンウェンになぐさめられ、二人くっついて遊び始めました。人権推進担当の保育士が中心になって、中国語の手づくり絵本などの教材を増やしました。イクは、まだ口数が少ないのですが中国語を耳にするとにっこりと笑い出します。ハンウェンは日本語が増えてきて、父いわく「ハンウェンは家でも日本語ばかりしゃべる。」と、保育士に笑いながら伝えていました。

　6月20日「在留特別許可」が出た日、あすか保育所、保護者会あげて、喜びあいました。鄭さん尚さん家族を支援する中で、多くのことを学びました。まだまだ、通じ合えないことはたくさんありますが、相手の立場になって心を砕くことの繰り返しが大切だと思います。保育の中で、お互いの文化をたくさん知っていきたいと思うし、職員としてその努力をしている姿が多くの人に伝わることを願っています。

国会議員の協力・支援を要請

　2003年5月22日、参議院会館で「鄭さん尚さん家族を支援する会」が主催する「引き裂かないで、家族のきずな！　中国残留孤児の家族に在留許可を求める院内集会」が開かれた。国会議員、当事者、支援する会、部落解放同盟大阪府連、部落解放大阪府民共闘をはじめ、各地で同じような問題に取り組んでいるメンバーなど約80人が参加した。支援する会から、これまでの闘いの経過と意義が報告されたあと、院内集会の目的として、①嘆願署名や嘆願書を法務省・入管局に提出し、在留特別許可を要請する、②当事者や地域の願いを国会議員に理解していただき、院内での取組みを求める、③マスコミが取材し報道することにより、支援の拡大を図る、の3点が提起された。

　来賓のあいさつでは、民主党を代表して江田五月参議院議員が、「今日は私の誕生日で、吉岡さんと同じ62歳です。私も中国からの引揚者なので残留孤児と同じようになったかもしれないと思うと、人ごとではない。憲法にある移転の自由などの基本的人権に基づいて、少しでも日本に居住したい人が安心して住めるようにするのが法務省の役割なのに、今やっていることは強制退去させることしか考えていないのではないか」と入管行政を厳しく批判した。公明党で地元大阪選出の山下栄一参議院議員は、「6年前に入国を許可しながら、今になって取り消すというのは明らかに入管の問題である。家族はともに生活することを保障されるべきであり、人道的観点から積極的に取り組みたい」と決意を述べた。社民党の福島瑞穂幹事長（当時）は、「中国残留孤児の家族の問題をはじめ、入管局は在日外国人に対する在留権や強制収容等についての人権侵害が多すぎる。党をあげてさまざまな人権問題に取り組みたい」と、人権侵害の具体例を挙げながら訴えた。ほかにも民主党の今野東衆議院議員が出席され、自民党、民主党計4人の議員秘書が参加された。

　当事者を代表して吉岡勇さん、尚立斌さん、鄭十方くんが支援を訴えた。小学校3年生の十方くんは「家族や友だちと一緒に日本にいたい」と話し、約30人の同級生が入管局長に対して書いた作文を支援する会から紹介した。連帯する団体として「柳さん・汪さん家族と共に歩む会」「タケオの会」「王喜国さん家族

を支える会」「中国帰国者の会」「入管問題調査会」「移住労働者と連帯する全国ネットワーク」などの代表があいさつし、「『強制収容』問題を考え子どもの学びと発達を守る熊本の会」のメッセージが紹介された。いずれも法務省・入管局の排外的な政策で在留資格が取り消されている例を挙げながら支援を訴えた。

79,608人分の署名を入管局長に手渡す

　院内集会に引き続き、5月22日の夕方、当事者と支援する会は法務省・入管局に出向き要請行動を行った。山本孝史・江田五月・千葉景子参議院議員とともに、吉岡さんと啓発小学校PTA会長など8人が、増田暢也入国管理局長・在留課長・審判課長ら5人と面談した。はじめに79,608人もの嘆願署名、各団体代表や議員の嘆願書、子どもたちの作文を手渡した。

　会談の中で吉岡さんは、「中国で養父母に育てられたので今の私がある。中国では育てられた親の世話をするのが当たり前なのです。2家族も私の大事な家族です。今になって家族を引き離すことは、絶対にしないでください」と切々と思いを述べた。会の代表である塚本和樹PTA会長は、「5月9日に鄭さん家族の口頭審理が終わってから、いつ法務大臣の裁決が下るかと家族も支援する会も心配でなりません。早くいい結論を出してください」と訴えた。最後に増田入管局長は、「当事者や支援する会のみなさんの話を受け止めて、なるべく早く結論を出したい。最大限の努力をしたい」と回答した。

法務大臣に支援する会が面談・要請

　6月4日、啓発連合振興町会の濱田珠三会長と支援する会の原田幸悦事務局長が、公明党法務部会長の荒木清寛参議院議員、党中国帰国者支援プロジェクトチーム沢たまき副座長（参議院議員）、地元の山下栄一参議院議員らとともに法務省を訪れ、森山眞弓法務大臣（当時）に「在留特別許可」を求める要請を行った。

　荒木議員から法務部会とプロジェクトチーム連名の「要請書」が手渡され、申入れの趣旨が説明された。法務大臣は「今日、入管局長からくわしく趣旨を聞い

た。手続きの難しさなどいろんな制約があるが、この問題は善処しなければならないと思っている」「要請書にあるベトナム難民の場合は、閣議決定があり特別の配慮がなされたようです」と回答された。

　濱田会長は、「吉岡さんは孫たちの面倒をよく見ているので地域の人はよく知っており、とても心配している。80戸ほどの小さな市営住宅の町会で、みんな気心が知れていてまとまっている。家族が安心して暮らせるようにしてほしい」と地域での家族のようすを話した。原田事務局長は、「26年間も家族として生活してきた実態がある。入国する際には竹川理事長が"連れ子"と明言し、関係書類も提出して正式な許可を受けている。ベトナム難民は法務省の告示で『養子』でも認められているので、中国残留孤児の家族についても戦後処理の問題として特段の配慮を。法務大臣の裁決を早く出していただきたい」と訴えた。法務大臣は「早く結論を出したい」と答え、約20分の会談を終えた。

「在留特別許可」を勝ち取る

　2003年6月20日、大阪入国管理局から呼出しを受け、同茨木分室に出向いた鄭さん尚さん2家族に対し、大阪入局管理局長名で「在留特別許可」が出され、当事者と支援者である私たちの闘いは完全に勝利した。

　この闘いの勝利は、①入国の手続きにおいて、法務省・入管局に重大な瑕疵（あやまり）があること、②26年間も家族として生活してきた実態があり、家族としての強い絆があること、③日本に来て約6年が過ぎ、子どもも4人生まれて生活基盤が日本にあること、④子どもたちが望む日本での教育を受ける権利の保障、そして、⑤家族を引き離す行為がどれだけ非人道的であるか、を粘り強く訴えてきたからにほかならない。それが8万人もの嘆願署名や嘆願書となり、法務省・入管局に提出することにつながったのである。地域をあげた取組みが、各種団体や各級議員の支援にと広がり、鄭さん尚さん家族の「在留特別許可」を勝ち取ることができた。

　実は、支援する会の事務局を担ってきた「東淀川（当時は3地区）解放教育共闘会議」は1975年に、区内に住む在日韓国人の韓　敏央（ハンミョンアン）さん一家の支援活動に参画し、勝利したことがある。戦前に親と日本に住んでいたことのある韓さんは、

韓国から生活苦のため密入国してきた。区内の小松でメリヤス業を営み、苦労した甲斐もあって仕事も順調に進み、2人の子どもが小学生になったのを機会に自首したのである。その間、地域の福祉活動にも熱心で、税金などの義務も怠ることなく、区福祉協議会にたびたび寄付するなど社会に貢献していたので、大丈夫だと思っていた。しかし、無情にも大阪入国管理局は「強制退去」を通知したのであった。大韓キリスト教会を中心に支援活動が展開されていたのを知り、解放教育共闘会議は地元の問題として部落解放共闘会議や解放同盟大阪府連に提起して、強制収容の執行が予定される日に入管局の横で緊急抗議集会を開催した。テレビや新聞などのマスコミが全国的に取り上げたこともあって、収容は取り下げたものの「特別在留許可」（当時の呼び名）が出されないので提訴することになり、約3年後になって「裁判の取下げ」と引換えに「特別在留許可」が下りたのであった。この闘いの経験として、「強制収容」を防いだ実績とともに、公判闘争の3年という長さや闘いの相手が見えないもどかしさを感じたのである。しかし法務省・入管局と闘い、一家の生活を守ったという経験は、共闘会議の歴史に残る闘いとして、後輩に受け継がれている。共闘会議は1969年の結成だが、この闘いの中心になった「在日朝鮮人教育部会」は1972年に発足し、満30年の記念の会を2003年度に開催した。

2003年6月21日大阪日日新聞記事

活動を振り返って

　2003年2月に280人の参加で支援する会を発足、目標に掲げた10万人署名などに取り組み、2003年6月20日、ついに「在留特別許可」を勝ち取った。準

備期間を含めたこの5カ月間の道のりは、決して平坦なものではなかった。活動中にも粛々と進む強制退去の手続きやさまざまな困難に屈することなく、当事者の家族をはじめ支援者一人一人があきらめずに活動を進めてきた。「幸せに暮らしてきた家族が引き裂かれる」ことを、「私たちの地域で起こった問題」として、多くの人々が豊かにつながり、行動を起こしてきた。地域の人々の連帯こそが勝利をもたらした最も重要な要素であったといえる。

❖広範な市民運動を展開し、世論に訴えてきたことが勝利を導いた

2月17日の支援する会の発足集会、4月15日の抗議集会にはPTAの会員をはじめ地域住民、労働団体、市民団体などが参加した。支援する会の発足を皮切りにスタートした署名活動は、労働組合を中心に大阪府内全体で取り組まれるまでに広がった。この成果を下支えしてきたのは、地域の団体、組織で結成された支援する会が目的を1つにして集まった広範囲な市民組織であったからにほかならない。とくに地域では、PTA、保育所保護者会、連合町会、地域社会福祉協議会に参加する住民の草の根的つながりが、広範な市民運動の基盤となり、その推進役を果たした。加えて、家族の生活を支えるための水餃子作りや販売、街頭署名、当時者を囲んでの学習会などに多くの人が参加、協力した。こうした日常の活動を通して、鄭さん尚さん家族と地域の人々がつながり、地域の人々同士のつながりも深まっていった。この盛り上がりが、啓発地域の近隣地域にまで波及し、大きな運動となった。

❖党派を超えた議員への要請行動によって法務省の扉を開いた

広範な市民運動であったからこそ、党派を超えて各党へ働きかけるパイプがつくられた。それは地方議員を通じ、国会議員へ働きかけ、さらには法務省へ進む扉を開かせることにつながった。5月22日の増田入国管理局長、6月4日の森山法務大臣と、私たちの願いを法務省のトップ官僚と大臣の両方に伝えられたことの意義は大きいといえる。今回「在留特別許可」が下された理由を、大阪入国管理局はなんら明らかにしていない。しかし、入国申請の際に「実子」であると偽ったわけではなく、あくまで入国管理局側のミスであったことを認めざるをえなくなったと考えられる。さらに、支援活動によって家族を引き裂く「退去強制

命令」が出せなくなったことと、血縁はなくても家族であることを実質的に認めさせたことは間違いのない事実である。つまり、この勝利は、世論の高揚によって入国管理局側が、血縁はなくても家族であると認めざるをえない政治状況を作り上げることに成功したからだといえる。

❖マスコミの報道と宣伝活動が世論を喚起し、署名活動の広がり、政治への働きかけを強めた

　2002年12月1日、朝日新聞大阪版がこの事件をいち早く取り上げた。「支援する会」が発足する前の報道であり、この報道がなければ私たちの立ち上がりも機会を逸していたか、もっと遅くなっていたと想像される。また2003年3月11日には毎日放送が、夕方のニュースの『Voice（ボイス）』で特集を組み放映した。大阪毎日放送が、裁判で訴え続けている熊本の元残留孤児の井上さん家族や、四条畷市の汪さん柳さんの家族を取材していなければ、同じような立場の吉岡さん家族の状況や私たちの活動がこれほどまでに取り上げられることはなかったかもしれない。マスコミの協力と他地域で同様の問題に取り組む支援者の活動によって、私たちは問題が発生してから早期に支援する会をスタートさせることができた。この点は、今振り返れば非常に重要だったといえる。ほかにも毎日新聞、NHK、読売新聞、大阪日日新聞、ザ・おおさかなどのマスメディアが私たちの要請に応え報道を続けたことは、世論を喚起するうえで重要な役割を果たした。

　また、インタビューをまじえたパンフレットの作成やチラシ、ニュースレター、そしてホームページの開設では、この問題をわかりやすく市民に訴えることに力を注いだ。とくに、家族関係が理解できるように説明に力点が置かれた。こうした工夫が活動の広がりを支え、他地域から支援者を募ることや議員への要請行動の際にも大きな力となった。このようにさまざまな広報の手段が実現できたのも、事務局員が個々の得意分野を生かした活動を展

2002年12月1日朝日新聞記事

守られた家族の絆～鄭さん尚さん家族の場合～

開したからである。

❖大阪中国帰国者センターとの連携と生活を支えるための就労支援

　尚立斌さんは2002年11月25日、西日本入国管理センターに強制収容された。そのときのことを家族に聞いたところ、入管局の職員が数人家に入って来て、まず台所の包丁を取り上げて反抗や自殺を図らないようにし、嫌がる尚立斌さんを無理やり収容したようで、犯罪人同然の扱いだったと家族は怒りをあらわにしている。入管局の職員は、義兄の鄭立国さんも収容するために家に出向いたが、立国さんは子どもを保育所に送るために留守だったので収容を免れた。尚さんが収容された10日後に、2家族の保証人である大阪中国帰国者センターの竹川理事長が大阪入管局に抗議したことで、早期に仮放免された。この仮放免がなかったら、立国さんも強制収容されたと思われる。家計の収入の担い手であった2人が収容されていたら、家族の生活や私たちの活動はもっと困難な状況になっていたであろう。その後、職を失った2人と家族の家計を支えるために、地域の関係者の協力で完全とはいえないまでも仕事を見つけ出したことも、活動の下支えとなった。

　竹川理事長は、自らが残留孤児のひとりとして、この問題の不当性を訴え続けておられる。2回の集会での竹川理事長の体験談と問題提起は、この問題を深く理解するためには非常に重要であった。「戦争で家族を引き裂かれた残留孤児が生きていけるのは、血縁のない中国人の養父母に育てられたからだ。政府は血縁関係を理由に、家族を引き裂ける立場にない」と訴える姿は、多くの人々に共感を与えた。

❖在留特別許可の獲得は突破口であり、根本的な解決の始まり

　今回、2家族9人に出された在留特別許可は、「定住者」としての扱いにとどまり、吉岡さんの家族としての在留を法的に認めたものではない。したがって、同様の問題を抱える家族に、必ずしも「在留特別許可」が出されるものでないことを押さえておくことが必要である。この問題の根本的な解決策は、法務省の告示に明記された「実子のみ」という規定を改正させるところにある。同様の問題で苦しめられている残留孤児家族を救済するために、私たちは今後も活動を進

在留特別許可の印が押されたパスポートを手にした鄭さん・尚さん家族

めていくつもりである。

おわりに

　もし法務大臣の裁決で却下されていたら、「裁判闘争」と「法務省告示の改正」との方針を提起していたものの、長期にわたる闘いは当事者をはじめ支援者の疲労が重なり、勝利の道が遠ざかるのではないかという危機感に苛まれていたと想像される。しかし振り返ると、学校・保育所と地域が力を合わせ、一人一人の人権を守り抜くために「抗議の声」をあげていくコミュニティがあったことと、国家権力によって「家族が引き裂かれる」ことの理不尽さ、不当性を掲げた運動が、広く市民の共感を呼び勝利に結びついた。

　現在、日本には鄭さん尚さん家族と同じように、「血のつながりがない」との理由で退去強制されようとしている人たちが多くいる。私たちの運動の成果が、将来において多くの家族を救うための「希望」になることを願っている。どんな時代にあっても、どんな違いがあったにせよ、家族を引き裂く法やルールを許してはならない。私たち支援する会は、あらゆる差別をなくし、すべての人の人権が確立される社会の実現をめざして、今後も「在留特別許可」を求める家族の支援

活動を続けていく決意である。

(「鄭さん尚さん家族を支援する会」のその後の活動として、他の支援組織と「連絡会」を結成し、活動を継続している。2003年8月22日「在留特別許可を求める家族の交流会」、12月18日中国残留日本人の継子・養子家族を支援する連絡会・準備会主催の「学習会」、2004年3月6日「中国残留日本人の継子・養子家族を支援する連絡会・結成の会」、5月24日「衆院内集会＆厚生労働省との協議」など。連絡会が把握している家族数——退去強制命令を受けている家族を持つ中国残留日本人〔政府は孤児・婦人という〕は5人、その継子・養子など当事者家族は9家族である。)

section 3

子どもたちを守るために
知っておくべきこと

退去強制手続きの概要

児玉晃一●弁護士

退去強制事由

　退去強制手続きは、出入国管理及び難民認定法（以下、入管法）24条に定める事情（これを、「退去強制事由」という）の1つにでも該当する場合に開始される（以下の表・図参照）。

入管法24条	カテゴリー
1号	不法入国者
2号	不法上陸者
2号の2、3	在留資格を取り消された者
3号	偽変造文書作成・提出者
4号イ	資格外活動者＝資格外活動のうち、「収入を伴う事業を運営する活動又は報酬を受ける活動」を「専ら行っている」と明らかに認められる者
4号ロ、6号、6号の2、7号	超過滞在者
4号ホ	入管法上の刑罰法令違反者（集団密航関係、営利目的不法入国等援助）
4号ヘ	外登法関係刑罰法令違反者
4号ト	不定期刑に処せられた少年
4号チ	薬物関係刑罰法令違反者
4号リ	ホからチ以外の刑罰法令違反者
4号ヌ	売春関連業務従事者
4号ル	不法入国・不法上陸幇助者

4号オ、ワ、カ	暴力主義的破壊活動者
4号ヨ	日本国の利益・公安を害する者
4号の2	刑罰法令違反者（別表第1の在留資格者に限って）
4号の3	国際競技会等に関連して暴行等を行った者（短期滞在の在留資格で在留する者に限って）
5号	仮上陸条件違反者
5号の2	退去命令違反者
8号	出国命令で定められた期間内に出国しなかった者
9号	出国命令を取り消された者

退去強制（在留特別許可取得）手続の概略図

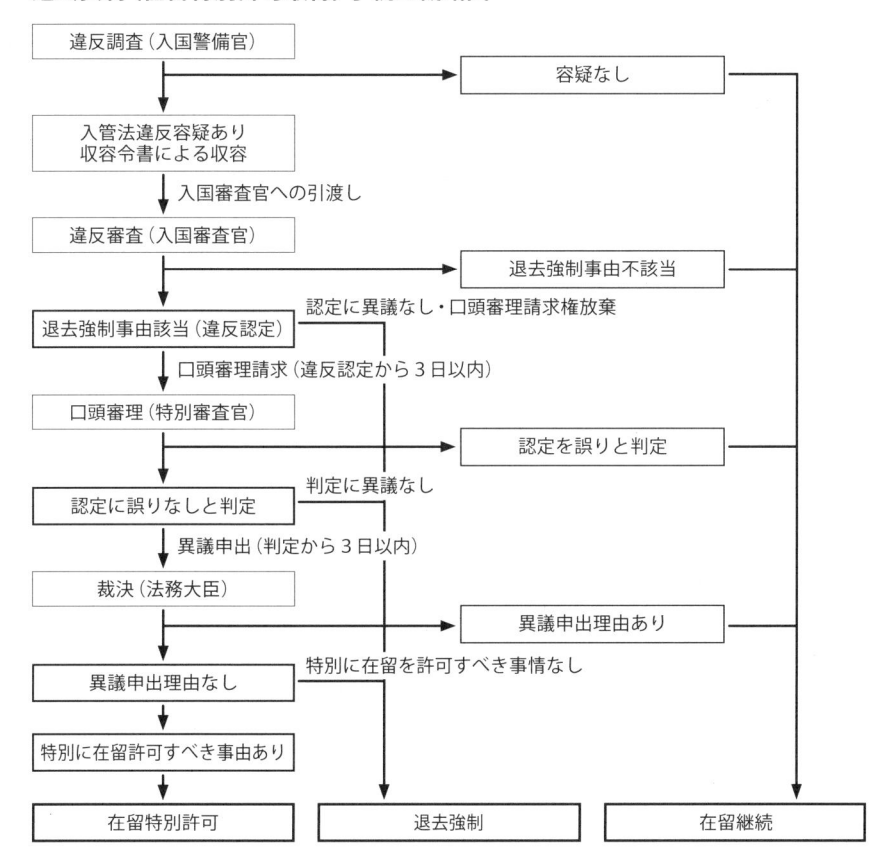

```
違反調査（入国警備官） ──────────→ 容疑なし ──────────┐
        ↓                                              │
入管法違反容疑あり                                      │
収容令書による収容                                      │
        ↓ 入国審査官への引渡し                          │
違反審査（入国審査官） ──────────→ 退去強制事由不該当 ─┤
        ↓                                              │
退去強制事由該当（違反認定）                            │
        │  認定に異議なし・口頭審理請求権放棄           │
        ↓ 口頭審理請求（違反認定から3日以内）           │
口頭審理（特別審査官） ──────────→ 認定を誤りと判定 ──┤
        ↓                                              │
認定に誤りなしと判定                                    │
        │  判定に異議なし                               │
        ↓ 異議申出（判定から3日以内）                   │
裁決（法務大臣） ────────────────→ 異議申出理由あり ──┤
        ↓                                              │
異議申出理由なし  特別に在留を許可すべき事情なし        │
        ↓                                              │
特別に在留許可すべき事由あり                            │
        ↓                     ↓                        ↓
   在留特別許可            退去強制                 在留継続
```

退去強制手続きの概要

入管法24条はさまざまな退去強制事由を定めているが、典型的なものは、24条2号の「入国審査官から上陸の許可等を受けないで本邦に上陸した者」(「不法上陸」と呼ばれる)、24条4号ロ「在留期間の更新又は変更を受けないで在留期間を経過して本邦に在留する者」(「不法残留」と呼ばれる)である。また、在留資格を有しない外国人親の間に日本で生まれた子どもは、上記のいずれにも該当しないが、入管法22条の2第2項による在留資格取得の手続きをとっていない場合には、24条7号の退去強制事由に該当することになる。

在留資格

　退去強制の具体的な手続きに入る前に、在留資格について若干説明しておく。

　在留資格とは、簡単にいえば、日本がどのような外国人を受け入れるかについて、その外国人が日本で行おうとする活動の観点から類型化して入管法に定めたものである。たとえば、観光という活動は、在留資格「短期滞在」に含まれ、この在留資格では「臨時の報酬」等に該当する報酬のみを受ける活動を行う場合を除いて、働くことは認められていない(在留資格の類型については、以下に掲げる入管法別表第1・第2を参照)。

　この在留資格制度は、外国人の権利の観点から定められた制度ではない。むしろ、在留中の外国人の活動に制限を加えるために機能している。

　日本で学校に通う子どもたちの在留資格は、一人一人さまざまである。多くの子どもは在留資格一覧の第2表に該当する。「日本人の配偶者等」(日系2世相当)、「定住者」(日系3世相当、難民等)、「永住者」(前二者から変更した者、もしくは旧植民地出身者とその子孫)等である。第1表では、たとえば料理人である保護者に連れられて来日した「家族滞在」に該当する子ども等がいる。

　なお、本書で話題になっている「在留特別許可」は在留資格ではない。「在留特別許可」が認められると、なんらかの在留資格が与えられる。

在留資格一覧
第1　　1　省略(在留資格は、「外交」「公用」「教授」「芸術」「宗教」「報道」)
　　　　2　省略(在留資格は、「投資・経営」「法律・会計業務」「医療」「研究」「教育」「技術」

「人文知識・国際業務」「企業内転勤」「興行」「技能」）

	在留資格	本邦において行うことができる活動	在留期間
3	文化活動	収入を伴わない学術上若しくは芸術上の活動又は我が国特有の文化若しくは技芸について専門的な研究を行い若しくは専門家の指導を受けてこれを修得する活動（4の表の留学の項から研修の項までの下欄に掲げる活動を除く。）	1年又は6月
	短期滞在	本邦に短期間滞在して行う観光、保養、スポーツ、親族の訪問、見学、講習又は会合への参加、業務連絡その他これらに類似する活動	90日、30日又は15日
4	留学	本邦の大学若しくはこれに準ずる機関、専修学校の専門課程、外国において12年の学校教育を修了した者に対して本邦の大学に入学するための教育を行う機関又は高等専門学校において教育を受ける活動	2年又は1年
	就学	本邦の高等学校若しくは盲学校、聾学校若しくは養護学校の高等部、専修学校の高等課程若しくは一般課程又は各種学校（この表の留学の項の下欄に規定する機関を除く。）若しくは設備及び編制に関してこれに準ずる教育機関において教育を受ける活動	1年又は6月
	研修	本邦の公私の機関により受け入れられて行う技術、技能又は知識の修得をする活動（この表の留学の項及び就学の項の下欄に掲げる活動を除く。）	1年又は6月
	家族滞在	1の表、2の表又は3の表の上欄の在留資格（外交、公用及び短期滞在を除く。）をもって在留する者又はこの表の留学、就学若しくは研修の在留資格をもって在留する者の扶養を受ける配偶者又は子として行う日常的な活動	3年、2年、1年、6月又は3月
5	特定活動	法務大臣が個々の外国人について特に指定する活動	3年、1年又は6月
			法務大臣が指定する期間

第2

在留資格	本邦において有する身分又は地位	在留期間
永住者	法務大臣が永住を認める者	無期限
日本人の配偶者等	日本人の配偶者若しくは民法（明治29年法律第89号）第817条の2の規定による特別養子又は日本人の子として出生した者	3年又は1年

退去強制手続きの概要

永住者の配偶者等	永住者の在留資格をもつて在留する者若しくは平和条約国籍離脱者等入管特例法に定める特別永住者（以下「永住者等」と総称する。）の配偶者又は永住者等の子として本邦で出生しその後引き続き本邦に在留している者	3年又は1年
定住者	法務大臣が特別な理由を考慮し一定の在留期間を指定して居住を認める者	3年又は1年
		法務大臣が指定する期間

違反調査

　退去強制事由に該当する疑いを入管が抱いたときには、「違反調査」という手続きが開始される（入管法27条）。きっかけとなるのは、警察官による職務質問や、入管による一斉摘発、あるいは近隣住民からの情報提供に基づく立入り調査などである。

　ただし、入管法は、「違反調査をすることができる」と定めているので、必ずしも退去強制事由があるという疑いを持った場合には違反調査が開始されるわけではない。バブル経済全盛時には、街頭で職務質問を受け、オーバーステイということが判明した場合でも、きちんとした職に就いていて勤務先で身元を確認できれば、放免され、その後なんら手続きがとられなかったこともある。

収容令書による収容

　退去強制事由に該当すると疑うに足りる相当の理由がある場合には、入国警備官は、収容令書によって、その疑いをかけられた外国人（「容疑者」という）を収容することができる（入管法39条1項）。収容というのは、つまり、捕まえることである。

　入管法は、「その者を収容することができる」と規定しているので、たとえばオーバーステイが発覚しても収容しないこともありうる、と読むのが素直である。ところが、入管側の解釈は異なり、以後の退去強制手続きは、全員、収容をしたうえで進めるという考えをとっている。これを「全件収容主義」とか、「収容前置主義」

などと呼んでいる。子どもだろうが、お年寄りだろうが、あるいは定職に就いていて逃げるなどということが考えられないような人であっても、そういう事情は一切考慮せず、一律収容するという考え方である。

収容する必要もないのに収容するというのは、明らかに誤った考え方で、いろいろな裁判で争われている。収容の必要性がなければ収容することは認められないという判断を示した裁判例もあるが（東京地裁昭44年9月20日決定・判例時報569号25頁、東京地裁平13年11月6日決定・ジュリスト1224号310頁など）、入管の考えは頑なである。

収容される場所は、各地方の入国管理局に付設してある収容場で、長期化した場合には「入国者収容所」というところに移送される。「入国者収容所」は日本中に3カ所あり、茨城県牛久市にある「入国者収容所東日本入国管理センター」、大阪府茨木市にある「入国者収容所西日本入国管理センター」、長崎県大村市にある「入国者収容所大村入国管理センター」のいずれかに振り分けられる。基本的には、もともと収容されていた地方入国管理局収容場の近くに移されるが、施設の混み具合では、別のところに移動されることも稀にある。

収容令書による収容期間は、最長で60日間であるが（入管法41条1項）、後述する退去強制令書が発付されたときには、退去強制が可能となるときまで、退去強制令書の効力によって収容することができるものとされている（入管法52条5項）。実務上、収容令書による収容がされている場合には、その期間満了前に在留特別許可をするか、退去強制令書の発付をするかの決断がされる。したがって、収容令書による収容期間満了前に退去強制令書が発付されると、仮放免がされないかぎりは解放されることなく、収容が継続することとなる。

仮放免

上記のとおり、入管は「全件収容主義」という建前をとっているが、とくに学齢期の子どもがいる家族のような場合には、一定の保証金を納めさせて、現実に拘束をすることなく、手続きを進めることもよく行われている。これを仮放免という（入管法54条）。保証金の上限は1人あたり300万円と定められている。保証金の額は、一般的には家族全員でも数十万円単位のことが多いが、実際にはその

人／家族の経済状況等によって入管が金額を決定する。

この保証金は、逃亡を防止するためのものなので、逃げたり、あるいは呼出に応じなかったことで仮放免を取り消されないかぎり、最終的には戻ってくる。

違反審査

入国警備官は、収容令書によって容疑者を収容したときは、その拘束時から48時間以内にそれまでに作成した調書や証拠物とともに、容疑者を入国審査官に引き渡さなければならないものとされている（入管法44条）。「入国警備官」と「入国審査官」の関係は、簡単にいえば、後者が前者の上司にあたると考えればよいだろう。

引渡しを受けた入国審査官は、容疑者に退去強制事由があるかどうかを速やかに審査しなければならないこととされている（入管法45条）。

入国審査官が審査をした結果、容疑者に退去強制事由がないと認定したときには、その容疑者を放免しなければならない。

他方で、容疑者に退去強制事由があると認められた場合には、そのことが容疑者に通知される。容疑者がこれを認め、強制送還されても仕方がないと述べたときには、退去強制令書が発付される（入管法47条4号）。

口頭審理

入国審査官による認定に対して異議があるときは、その通知を受けたときから3日以内に、口頭で、「口頭審理」という再審査の手続きを求めることができる（入管法48条1項）。

通常の場合には、入国審査官による退去強制事由の認定は、容疑者に対する事情聴取が終わった直後に言い渡される。そしてその場で、認定に服するかどうか、すなわち強制送還されることに異議がないかどうかを尋ねられる。このとき、たとえば「オーバーステイは事実だが、このままでは帰れない」と口頭で述べれば、口頭審理の請求があったものとして取り扱われるのが通常の実務の運用である。その内容は、違反審査で作成された審査調書の末尾に記載される。

口頭審理は、特別審理官という入管の職員によって行われる。「特別審理官」は、口頭審理を行わせるため法務大臣が指定した入国審査官のことである。

　口頭審理では、特別審理官によって、口頭で事情聴取が行われる。容疑者は、この段階で代理人をつけることができ、自らもしくは代理人を通じて証拠を提出したり、証人尋問をすることができる（入管法48条5項・同10条3項）。また、特別審理官の許可を受けて、親戚または知人の1人を口頭審理に立ち会わせることができる（入管法48条5項・同10条4項）。

　口頭審理の結果、特別審理官が、違反審査の段階において退去強制事由があると認定したことについて事実と異なると判定したときは、容疑者を放免しなくてはならない（入管法48条6項）。

　他方、入国審査官の認定に誤りがないと判定したときには、そのことを当該容疑者に告げる。これも、実務上は、口頭審理の行われた日の最後にされるのが通例である。その場で、特別審理官の判定に対して異議を述べることができる。法律上は、特別審理官の判定に異議があるときは、その通知を受けた日から3日以内に、不服の事由を記載した書面を主任審査官に提出して、法務大臣に対して異議を申し出ることができるとされている（入管法49条1項）が、実務上は定型的なひな形が用意されていて、インタビューがされたその日、その場で、退去強制に従いたくなければ、簡単に異議の理由を記載して、異議申出ができるようになっている。

　異議申出の理由となるのは以下の4つである（入管法施行規則42条）。

①審査手続きに法令の違反があって、その違反が判定に影響を及ぼすことが明らかであること

②法令の適用に誤りがあって、その誤りが判定に影響を及ぼすことが明らかであること

③事実の誤認があって、その誤認が判定に影響を及ぼすことが明らかであること

④退去強制が著しく不当であること

　入管法施行規則では、異議申出にあたって、これらの理由を示す資料も提出しなければならないと定められているが、実務上はその提出を同時に求められることはない。後日、追加で提出することもできるが、弁護士などの専門家によるサ

ポートがなく、本人たちだけで手続きが進められているときには、資料を提出しないまま次項で述べる裁決まで至ることも珍しくない。

地方入国管理局長（法務大臣）による裁決・在留特別許可・退去強制令書

　異議申出がされた場合には、原則として地方入国管理局長が異議の申出に理由があるかないかの裁決を行う。従来、この裁決は、法務大臣の権限とされていたが、2001年11月の法改正（施行は2002年3月1日）により、地方入国管理局長に委任ができることとなり（入管法69条の2）、規則の定めで、むしろ地方入国管理局長が原則として権限を有し、場合によっては法務大臣も裁決を行うことができることとなった（入管法施行規則61条の2第9号）。

　異議の申出に理由があると認められた場合には放免される（入管法49条3項）。しかし、このような場合は稀である。異議の申出に理由がないと認める場合であっても、地方入国管理局長もしくは法務大臣が特別に在留を許可すべき事情があると認めるときには、在留特別許可がされることがある（入管法50条1項3号）。

　そして、異議の申出に理由がなく、かつ、在留特別許可も認められないときには、退去強制令書が発付される（入管法49条5項）。

訴訟・再審情願

　いったん退去強制令書が発付された場合に、その効力を争うための最もオーソドックスな手段は、退去強制令書発付処分の取消訴訟を起こすことである。これは、退去強制令書発付の事実を知ったときから3カ月以内に起こす必要がある。その期間経過後も退去強制令書発付処分無効確認訴訟という手段をとることができるが、取消訴訟に比べ、非常にハードルが高くなってしまう。

　そのほかに、再審情願という手段もある。法律に規定はないが、退去強制令書発付後の事情変更を理由として、入管側に退去強制令書発付処分の自発的な撤回を求め、再度在留特別許可をするよう求めるものである。この方法により

在留特別許可が認められたケースも珍しくない。典型的なものは、退去強制令書発付後しばらくしてオーバーステイの外国人が日本人と結婚し、子どもができたような場合である。

出国命令制度

　本書刊行時（2004年9月）では、退去強制事由のある者は、自発的な出国を望む場合でも、法律上はこれまで述べてきた退去強制手続きによって送還されるという方法しかない。この場合、帰国費用は本人負担とされることが多いが、これは費用負担に関しては自費出国許可を得ているというだけで、法律上は退去強制令書の執行によって送還されるという評価になる。そのため、再度日本に上陸をしたくても、原則として最低5年間は上陸拒否されることになる（入管法5条1項9号）。

　しかし、2004年12月2日から施行される改正入管法では、出国命令という制度が新設され、従来の退去強制手続きによらずに出国することが可能となった。そして、出国命令によって出国した場合の上陸拒否期間は最低1年間に短縮される（改正後の入管法5条9号ニ）。

　ただし、出国命令を受けることができるのは、不法残留の場合だけで、不法入国・不法上陸の者は除外される（改正後の入管法24条の2本文）。

　また、「速やかに本邦から出国する意思をもって自ら入国管理署に出頭したこと」（改正後の入管法24条の2第1号）が必要なので、摘発が先行した場合には出国命令は受けられない。

　さらに、速やかに本邦から出国することが確実と見込まれること（改正後の入管法24条の2第5号）が必要なので、帰国費用やパスポートの準備をあらかじめしておく必要がある。

　その他、過去に退去強制歴等がないこと（改正後入管法24条の2第4号）など、改正後入管法24条の2各号が定める用件をすべて満たす必要がある。

入管収容施設について
子どもたちが連れて行かれた場所

高橋 徹●多文化共生教育ネットワークかながわ

　入管に収容されたり、退去強制の対象となる非正規に滞在している子どもたちの数はどれぐらいなのだろうか。入管発表の数字を根拠に計算すると2001年の数字でおよそ8,000人という数字が出てくる。このなかで摘発され、収容される子どもは年間300人ほどいる。
　子どもたちの自由を簡単に奪ってしまう入管収容施設とはどんなところだろう。子どもたちにとっていったいどんな場所だったのだろう。

井上さん家族の子どもたち

　2002年8月10日、私は熊本空港に降り立った。この日、熊本にやって来たのは、井上さん家族（本書83ページ）の4人の子どもたちに会うためである。彼ら・彼女らは、福岡入国管理局の収容場に、2回にわたって合計1カ月ほど収容されていた。収容されていたのは、成男くん17歳、龍男くん12歳、東くん17歳、晴子さん16歳（年齢は収容当時）。
　彼ら・彼女らが収容された経緯は以下のとおりである（子どもおよび家族の聞取りから）。
　2001年12月17日、入管からの出頭命令に応じて、仮放免中の家族6人が福岡入管に行き再収容される。家族が退去強制に納得しなかったため、20人ほどの職員により、家族を居室に連行しようとする。その際、職員は東くんに対し手をつかんだり襟首をつかんで連れて行こうとするが、抵抗したため、5～6人の

職員に床にうつぶせに押さえつけられる。まわりで見ていた家族は「首の上を強く押さえられたため、東の顔色が変わっていて、死ぬかと思った」と語っている。成男くんは4人の警備官に押さえられ、手足をそれぞれ持ち上げられて居室に連れて行かれる。晴子さんは居室に連れて行かれるとき、タートルネックのセーターの襟をつかまれ、引きずられて居室に連れて行かれた。

　この騒動の直後、面会に行った子らの祖母・琴絵さんは、次のように筆者に語った。「面会室で出てきた孫たちは傷だらけだった。東の手は傷だらけになっていて、晴子の首は真っ赤になっていた。『こんなことをする（子らをこんな目に遭わせる）のは、入管のやることではないよ。政府のやることではないよ。（まるで）動物園だよ。（子らは）動物ではないよ、人間だよ』と入管職員を怒鳴りつけたよ」。

摘発から収容まで

　入管が入管法違反の疑いをかけ、住居等に摘発に赴く場合、事前に通知したり、出頭の要請を行ったりはせず、いきなり摘発し、身体拘束を行う。摘発にあたって入国管理局は、通訳を同行しない場合が少なくない。多くの家庭では、親よりも子どものほうが日本語が堪能になっており、摘発の場面で子どもが通訳の代わりをさせられる。つまり、親の入管法違反について、子どもの口から語らせるのである。身体拘束には、法律では、原則として「収容令書」をもって行うことが義務づけられているが、ほとんどの場合、摘発の時点でこの令書が示されることはない。収容令書が示されるのは摘発後、違反調査を経てからである。

　入管は、摘発時点で学校や親戚などに連絡をさせない。学校側は、突然家族ぐるみの行方不明に大慌てになる場合もある。事態が知れてくると、学校のクラスメートは当該の子どもが犯罪者として摘発されたとの印象を強く持つようになる。

　摘発後、入管（警備官）は直ちに違反調査（取調べ）を行う。18歳以下の子どもも違反調査の対象である。つまりこのことは、子どもも入管手続き上「入管法違反者」として取り扱われることを意味する。

　摘発、違反調査が終了し、入管法違反があると入管が判断した場合、入管は

収容令書を発付し、当該外国人を収容施設に収容する。収容されると入管の審査官によって違反審査が行われ、入管法違反があると認定された場合は退去強制令書が発付され、通常退去強制が執行されるまで収容が続く。

なぜ子どもを収容する必要があるのか

そもそも、入管手続きで子どもを収容する必要性や相当性があるのだろうか。これがおそらく大方の人が持つ最初の疑問であろう。実は子どもばかりではない。高齢者、妊婦、心身の障害・病者、難民申請者も収容されている。これは現在の入管行政の運用が「全件収容主義」を建前としているためである。あとで述べる収容施設の医療体制とあわせて考えると、事態は深刻である。

18歳未満の被摘発者のうち、収容されることなく退去強制手続きがとられている者は、14〜20％程度に過ぎない。18歳未満の者の入管への年間収容者数は340人から570人程度、親の収容に伴って児童施設への保護される未成年者は年間50人から180人程度いる。

日本には、未成年者およびその保護者を入管施設へ収容することを制限する法律はないのである。学齢期の子どもの特殊性、学びと発達を確保する観点から、保護者と子どもの収容を避ける取扱いを明記した法律がないのである。

入管収容施設への18歳未満の子どもの年齢別収容状況（人）

	6歳未満	〜12歳未満	〜15歳未満	〜18歳未満	計
1999年	117	38	24	119	298
2000年	133	44	22	74	273
2001年	216	124	27	122	489

北川れん子衆議院議員（社民党）の質問に対する法務省入国管理局回答より（2002年11月5日）

長期・無期限収容

収容はまず「収容令書」によって行われる。入管法によれば、収容令書によって収容できる収容期間の上限は30日間、延長してさらに30日間とされている。続く「退去強制令書」による収容については、収容期間に上限の定めがない。そ

のため、システム上「長期・無期限収容」が可能になっている。難民申請をしていたり、退去強制に異議の申立をしている、入管の認定に対し裁判で争っている、などの理由で、直ちに退去強制の執行が確保されない場合、数カ月間、場合によって1年間あるいは2年間以上も収容が続くことがある。通常こういう場合には、未成年者と母親は仮放免されることが多いが、父親の収容は続く。このシステムについて、未成年者を除外し、収容期間を短くする法的な基準は存在していない。未成年者の現実の収容期間については次の表に示したとおりである。

入管収容施設への18歳未満の子どもの収容期間別収容状況（人）

	～10日未満	～50日未満	～100日未満	～150日未満	～200日未満	200日以上	計
1999年	192	55	36	9	6	-	298
2000年	203	64	5	1	-	-	273
2001年	311	138	18	19	2	1	489
2002年上半期	124	59	7	3	-	-	193

北川れん子衆議院議員（社民党）の質問に対する法務省入国管理局回答より（2002年11月5日）

収容等に伴う親との分離について

運用上の実態としては、以下の3つの場合があるが、通常最も多くとられる原則的運用は①で、収容が長期に及ぶ場合は②に切り替えるようである。いずれも家族は分離される。

①親とともに収容される場合：低年齢の場合は母親と同室に収容されるが、高年齢の場合は性別に収容されるため、親と分離収容されている。

②父親のみ収容し、母親と子どもは仮放免により収容しない場合：確かにこのあり方は「子どもの収容」を避けることはでき、就学中の未成年者にあっては教育を受ける権利も確保できる。しかし家族を経済的に支えている父親が収容された場合、家族の生活は成り立たなくなる。また、母親と子どもの生活場所と父親の収容場所が、地理的に離れていることも少なくない。そのため、父親との面会も物理的、経済的に困難が生じる場合も多い。先にも述べたよう

に、父親の収容は数カ月から2年間以上に及ぶことがある。
③母親の収容に伴い、未成年者を親と分離し、児童相談所に保護する場合：以下の事例を参照されたい。

> **[事例] あるパキスタン人家族の分離収容**
>
> 　家族は1995年から数年間の間に相次いで入国。オーバーステイで摘発された。摘発時の年齢は、両親は30歳代半ば、子どもは2人で、7歳男児と4歳男児だった。
>
> 　2002年9月26日朝7時半頃、長男が小学校へ行く準備をしているときに、自宅に警察と入管がやって来た。泣き叫ぶ子どもたちを親から引き離し、脇に抱えて連れ去った。
>
> 　両親は東京入管第二庁舎に収容されるが、子どもの居所は知らされず、どこにいるのか不明の状態が続く。収容後2日目ぐらいに、ようやく入管の職員が「子どもは別の所にいる」と両親に伝えたが、どこにいるのかは伝えていない。その後、両親がいくら問いただしても、また支援者が要請しても、「教えられない」として、子どもの居所を入管職員は教えようとしなかった。当然のことながら、この期間、親子の面会は果たされていない。面会した支援者の報告によれば、母親は子どもの居所がわからずパニックになっていたという。
>
> 　入管職員が両親に対し、子どもが前橋の児童相談所にいること、そしてその住所を知らせたのは、10月24日。つまりおよそ1カ月ほども後のことだった。
>
> 　2002年11月下旬、父親のみが労災のため仮放免になり、子どもを引き取った。母親は収容が続いた。
>
> 　2002年12月上旬、父親とともに母親の面会に行った支援者の報告によると、「2人の子どもと一緒に母親に面会しましたが、子どもたちは面会室のガラスを叩いたり、よじ登ろうとしたりして、母親のもとに行きたがっていた」という。

入所手続について

収容にあたって、子どもたちも写真や指紋をとられたり、男女を問わず下着になっての身体検査をされる。「まるで犯罪者のようだった」と、収容を経験した井上さん家族の子どもたちはそのときの感想を語っている。収容にあたっての手続きについて、「被収容者処遇規則」には以下のように定められている。

> 第十二条　所長等は、新たに収容される者を収容所等に収容するときは、十六歳未満の者を除き、入国警備官に指紋を採取させ、身長及び体重を測定させ、かつ、写真を撮影させなければならない。
> 第十三条　入国警備官は、新たに収容される者の身体に傷跡その他の異状を発見したときは、その状況及び原因等を被収容者名簿に記録しなければならない 。

子どもたちの支援にあたった教員は、次のように感想を述べた。「下着1枚にさせた身体検査を行っています。思春期の少女にはとりわけ嫌な思いをさせています」。

収容施設内での処遇について

まず未成年者の収容を想定した、特別な入管施設（設備およびその体制）は存在していないことを指摘せねばならない。一般に日本の入管収容施設は次のような問題を抱えている。

①外部交通

1年ほど前は、帰国費用の確保の目的以外の外部への電話は基本的に制限されていた。しかし入管では最近かなり規制緩和を行っており、比較的自由に電話をかけられる施設が増えてきている。

手紙は原則的に認められているはずだが、運用上認められないことがある（手紙を出すために必要な申請用紙を渡さない、「忙しいから後で」と言って申請用紙を受け取らない、収容所内の処遇について手紙に書くと検閲で許可されない、

出したはずの手紙を出所時に返却する、など)。
②通訳体制
　多言語に対応できる職員が少ない。取調べを母語(第一言語)で行わない場合が多い。権利告知がされない。収容施設内の管理をしている警備官に通訳体制がない。そのため、さまざまな申請、要求を出すことができない。
③医療
　入所時の健康問診がきちんと担当医師のところに伝わっていないようである。医者の診断、治療を受ける手続き(申請用紙を記入し許可を受ける)に時間がかかり、治療が遅れる。医者の診断に関して、通訳体制をきちんととっている施設は現在のところない。不適切な医師の治療が後を絶たない。自分で持ち込んだ薬は使用させない。収容管理にあたっている警備官に救急救命医療の基礎知識が乏しいと思われる事例もある。精神医療に対するケアの体制はなく、拘禁性反応についても対症療法しか行わず、精神安定剤を渡すだけである。
　2001年から2003年にかけて被収容者に対する面会や、出所後の聞取り、診察を行った横浜の港町診療所の山村淳平医師は、「入管施設の専属医師は、診察にあたって通訳を置かないし、触診さえしない。これでは正確な診察は期待できない」と語っている。入管施設の医療体制は、それだけで大きな問題を抱えているといえる。
④運動、シャワーの回数と使用時間
　収容施設内での心得や権利に関する説明が、入所時になされない。施設によっては、シャワーの回数、使用時間の制限がされる。運動ができない、または制限される。被収容者が疥癬症(ヒゼンダニが皮下に寄生して起こす皮膚病。激しい痒みを伴う)に感染するなど不衛生な状態に置かれている施設もある。
⑤居室
　収容施設の居室は通常10人から十数人ぐらい入れる雑居房である。居室の前後が廊下になっていて、廊下との境は鉄格子になっている。廊下を巡回する職員により、居室の中は丸見えの状態である。
　居室のトイレは遮蔽されておらず、便器に座った状態で、胸から上が外から見える状態である(2003年2月より業務を開始した東京入国管理局の新庁舎の収容房のトイレについては、遮蔽が工夫されている。しかし、まだ多くの施設の収

容房のトイレは遮蔽されていない)。
⑥女性の被収容者の管理
　女性が収容される居室の外の廊下を巡回する職員は、男性職員である。2001年12月に福岡入管に収容されていた16歳の少女は、「トイレに入るとき、男性の看守が見回りに来ないことをよく確認してから入った」と証言している。また、ある女性被収容者は、「居室の中が暑くて肌を露出していると、のぞきに来る男性職員がいた」と語っている。
⑦被収容者への虐待・乱暴な取扱い
　日本の入国管理局では、多くの被収容者に対する虐待の事例が報告されている。入管施設内で自傷行為や自殺を図るなどの事件が多発し、社会問題になっている。子どもたちが例外でないのは、冒頭に記したとおりである。

> [事例] 乳児の入管への収容
> 　中国人女性の于恩栄 (Yu Enying) さん (当時43歳) は、刑事事件により逮捕され、拘置所の中で出産し、その乳児と高齢の母親 (73歳) とともに「東日本入管センター 入国者収容所」に移された。乳児がここに収容されていたのは、1歳1カ月から1歳8カ月までの8カ月間である。
> 　東日本入管センター入国者収容所で接見を行った担当の関聡介弁護士は、次のように報告している。「1時間に及ぶ接見の間中、子どもは泣くことも、また笑うこともせず、静かにしていた。それはあまりに子どもらしくない姿だった。1997年、収容所の居室で熱湯の入ったポットを倒して、子どもの足に熱湯がかかってひどい火傷を負った。それでも、その子どもは泣くことはなかったという。その火傷の跡は今もあの子の足に残っている」。
> 　関弁護士らは、不適切な処遇からの解放と人道的な配慮の必要性を理由に、彼女らの仮放免を4度にわたって求めた。同時に弁護士らは、収容の執行停止の申立てを裁判所に対して行い、乳児の拘禁が子どもの成長を妨げることを主張した。それに対し東日本入国管理センターは、常駐医師の「赤ん坊の拘禁は、母親とつねに一緒にいられるのだから、むしろ望ましい」という内容の意見書を東京地裁に提出し、乳児の収容の正当性を主張した。

1997年末、この于さんの事件が新聞で公けになり、社会問題となった。そして1998年1月16日、彼女らはようやく仮放免となった。赤ん坊はこのとき、生まれて初めて外の世界を見たのである。

子どもの権利条約から見た
退去強制問題

平野裕二●ARC（Action for the Rights of Children）代表

　非正規滞在の子どもにどう対応するかは、国が本当に子どもの権利保障を真剣に考えているかどうか判断するための重要な試金石のひとつである。いくら進んだ法制度を整えても、最も不利な立場に置かれやすいこのような子どもへの配慮を怠るようでは、その国は真に子どもの権利を守っているとはいえない。子どもの権利条約（以下、「条約」）の実施状況を監視する子どもの権利委員会が、いわゆる先進国の報告書を審査するときに難民としての庇護希望者や非正規滞在の子どもの状況にしばしば焦点を当てるのも、ひとつにはそのためである。

　本稿では、子どもの権利委員会が各国に行ってきた勧告（総括所見）★1およびその他の人権関係機関の見解も踏まえつつ、不当な退去強制からの保護をはじめとする非正規滞在の子どもの権利保障の原則を示す。日本に対する2回の勧告（1998年6月および2004年1月）では残念ながらこの問題が直接的には取り上げられていないが、だからといって、ここに記した諸原則を無視していいということにはならない。

非正規滞在の子どもにも
条約の権利は保障されなければならない

　非正規滞在の子どもであっても、日本の領域内にいる以上は日本が責任をもってその権利を保障する義務がある。条約2条1項が、「締約国は、その管轄の下

にある児童に対し、……いかなる差別もなしにこの条約に定める権利を尊重し、及び確保する」と規定するとおりである。

子どもの権利委員会は、条約上の権利が非正規滞在の子どもにも保障されなければならないことを、とくに教育・保健といった基礎的社会サービスとの関連でしばしば強調してきた★2。自由権規約（市民的及び政治的権利に関する国際規約）の実施状況を監視している自由権規約委員会も、その一般的意見15において、同規約に規定された権利は原則として国民・外国人・無国籍者を含むすべての者に保障される旨を強調している。

非正規滞在の家族の一体性は可能なかぎり保障されなければならない

家族が「社会の自然かつ基礎的な単位」であり、社会および国による保護を受ける権利を有することは、世界人権宣言（16条3項）をはじめとする多くの国際人権文書で確認されてきた。子どもの権利条約も、前文およびさまざまな規定で家族、とくに親の役割の重要性を認め、子どもが可能なかぎり親とともに暮らす権利を保障している。

子どもの退去強制との関係では、とくに条約9条1項と10条1項が重要である。9条1項は、子どもの最善の利益に照らして親子分離が必要であると裁判所が判断しないかぎり、親の意思に反する親子の分離が行われてはならないという原則を定めている。10条1項は、家族の再統合のための出入国の申請が「積極的、人道的かつ迅速な方法」で取り扱われることを求めた規定である。

いずれの規定も、外国籍の家族が可能なかぎりバラバラにならずに済むよう積極的な配慮を義務づけた規定であって、非正規滞在の子どもとその家族が日本にともに在留する「権利」までをも直ちに認めたものではない。しかし、在留の可否を決定するにあたっては子どもおよびその家族の権利・利益を正当に考慮し、不利益決定を行う際には十分な正当化事由を示す立証責任が、条約の締約国には課されているのである。

日本政府はこの2つの規定について、出入国管理体制への影響を排除することを目的とした解釈宣言を行っているが、いずれも不当または不必要な宣言であ

り、委員会の勧告に従って撤回が求められる★3。また、これらの規定にいう「親」または「家族」には養親等の法的・実体的関係が含まれ、血縁関係にかぎられないことにも注意が必要である。

非正規滞在の子ども・家族の収容は最後の手段でなければならない

　そもそも国際人権法上、入管施設への収容を含む自由の剥奪は、合法性・必要性・目的比例性等の要件が厳格に満たされなければ行うことはできない。このことは、個人通報に基づく自由権規約委員会の「見解」においても、とくに日本と同じく全件収容主義をとってきたオーストラリアに対して繰り返し強調されてきた★4。同国の公的機関であるオーストラリア人権・機会均等委員会も、このような政策が国際人権法違反であることを認定している★5。

　とくに子どもに関しては、条約37条(b)に従って、収容は「最後の手段として、かつ最も短い適当な期間でのみ」用いられなければならない。日本政府は、この規定は「刑罰法規に違反したことを理由として自由をはく奪することを指していると解され、入国者収容所等に収容することはこれには含まれないと解される」とするが★6、成立する余地がない解釈である。子どもの権利委員会も、難民としての庇護希望者や非正規滞在者である子どもの収容に重ねて懸念を表明してきた★7。また、入管収容施設における子どもの人権侵害について2年間に及ぶ調査を続けてきたオーストラリア人権・機会均等委員会は、2004年5月に最終報告書を発表し、全件収容主義が子どもの権利条約違反であることを認定している★8。

　たとえ子どもが仮放免されても、父母が収容されたままであれば、家族分離による子どもの権利侵害が引き続き生じることには変わりがない。子どもの権利委員会による日本の第2回報告書審査でもこの問題は取り上げられた。具体的勧告は行われなかったものの、他国に対する勧告等も踏まえ、非正規滞在の子どもとその家族の収容は、ほかに選択肢がない場合の最後の手段として例外的にしか行えないこととすべきである。

出入国管理上の決定にも条約が
全面適用されなければならない

　上記を踏まえ、在留資格の認定を含む出入国管理制度の運用にあたっても、子どもの権利条約等の国際人権条約の規定を遵守する義務が日本政府にはある。出入国管理は基本的に行政の裁量下にあり、人権条約の規定にはその枠内で考慮すればよいという行政見解は誤りである。

　とりわけ、出入国管理制度の運用の過程で家族の保護について正当に考慮しなければならないという見解は、今や国際的合意を形成しつつあると評価しても過言ではない。国連において1990年に採択され、2003年7月に発効した移住労働者権利条約(すべての移住労働者およびその家族構成員の権利の保護に関する国際条約、日本は未批准)は、在留特別許可等を通じて非正規滞在者の正規化を図る際には「とくに家族に関わる事項に関して、適切な考慮」を求めている(69条2項)。このような考慮によって出入国管理上の行政裁量が制約されうることは、自由権規約委員会★9やヨーロッパ人権裁判所★10も指摘してきたところである。子どもの権利委員会も、出入国管理制度で家族の一体性が確保されない(可能性がある)ことについて、多くの国に対して懸念表明と勧告を行ってきた★11。

　日本においても、家族の保護や子どもの権利の保障を考慮して裁判所が退去強制処分を取り消した事案が存在する★12。これらの国際的動向および国内判例を踏まえ、政府および裁判所は、退去強制および在留特別許可等の決定にあたって子どもの権利条約をはじめとする国際人権条約の規定を全面的に考慮に入れなければならない。

退去強制等の判断では子どもの最善の利益が
優先されなければならない

　そのような決定にあたって優先的に考慮されるべきなのが子どもの最善の利益(条約3条1項)である。条約3条1項は、子どもの権利委員会の元委員マルタ・サントス・パイス氏が述べるように、「子どもに影響を与えるあらゆる状況、あら

ゆる決定において、可能性のあるさまざまな解決策を検討し、子どもの利益を正当に重視すること」を求めた判断基準および手続き上の原則として位置づけられる★13。子どもの最善の利益に部分的にまたは全面的に反する決定を行う場合、決定権者には、子どもの利益以外の考慮事項を優先させる正当な事由があることを立証する責任があると解されなければならない。

　子どもの最善の利益原則が退去強制等の出入国管理手続きにも適用されることは、子どもの権利委員会が重ねて強調している。たとえばカナダに対しては「強制送還手続きも含む難民および移民の子どもの保護に関わることがらにおいて……とくに子どもの最善の利益および子どもの意見の尊重を実施することに……とくに配慮する」こと（カナダ〔24〕）が、ノルウェーに対しては「退去強制が親から子どもを分離することを意味する場合には、子どもの最善の利益が考慮されることを確保するため、……退去強制決定が行われる手続きを再検討する」こと（ノルウェー2〔31〕）が、それぞれ勧告された★14。自由権規約委員会も、規約を子どもに適用する際には、子どもの最善の利益が第一義的に考慮されなければならないと指摘している★15。各国の裁判所も子どもの最善の利益を考慮して行政による退去強制決定を取り消す判例を積み重ねてきており★16、子どもの最善の利益は出入国管理制度の枠内で考慮すれば足りるとする政府見解は再検討されなければならない。

　子どもの最善の利益の決定にあたっては、子どもの成長発達を「可能なかぎり最大限に確保する」締約国の義務（条約6条）を前提として、親との関係をできるかぎり維持する権利や教育への権利などの条約上の諸権利が退去強制によってどのような影響を受けるか、子ども自身の意見も正当に尊重しながら（条約12条）適正に評価することが必要である。その際、憶測や希望的観測に基づくのではなく、ある程度の客観的な裏づけに基づいて判断を行わなければならない。たとえば子どもの権利委員会は、「退去強制の対象とされる者の子どもに当該決定が及ぼす影響に関する専門家の意見が制度的に参照および考慮され」なければならないという見解を示している（ノルウェー2〔30〕）。ヨーロッパ人権裁判所も、父母が異なる国の国民である場合、退去強制等の処分を行う際には家族が国外で再統合できる蓋然性があることを立証する義務が存する旨の判断を言い渡したことがある★17。退去強制が子どもの権利侵害につながらないこと

を立証・確保するのも締約国の責任であり、子どもの権利委員会は時として退去強制後のフォローアップも求めてきた★18。

　退去強制手続き等において子どもの最善の利益が十分に考慮されていないことは、子どもの権利委員会による日本の第2回報告書審査でも取り上げられている。この問題に関して直接的な勧告は行われなかったものの、子どもに関わる立法・政策において子どもの権利を基盤としたアプローチをとるよう勧告されたこと〔11・13〕からしても、子どもの権利条約に照らして出入国管理に関わる立法・運用を全面的に見直すことが必要である。

★1　国連・子どもの権利委員会が各国に行ってきた勧告の本文は筆者のウェブサイト（http://homepage2.nifty.com/childrights/）に掲載予定の分野別総括所見集（難民・庇護希望者・非正規滞在の子ども）参照。以下、本文および注において、〔　〕内の数字は子どもの権利委員会の総括所見のパラグラフ番号を、国名のあとの「2」は第2回報告書審査であることを示す。

★2　ノルウェー〔12・24〕、デンマーク〔14・30〕、ポルトガル〔21〕、ルクセンブルク〔27〕、ベルギー〔9〕、タイ〔18〕、ベリーズ〔16〕、スウェーデン2〔11〕、ギリシャ〔68・69〕、スペイン2〔27〕、韓国2〔58・59〕、カザフスタン〔63・64〕、カナダ2〔21・22〕等。

★3　日本に対する第1回総括所見〔6・28〕および第2回総括所見〔8・9〕。英国も、外国人の国籍・出入国について適宜必要と思われる法律を適用する権利を留保していることについて、条約の趣旨・目的に反するとして2度にわたり撤回を勧告されている（英国〔7・22〕および英国2〔6・7〕）。

★4　たとえばNo.560/1993 (CCPR/C/59/D/560/1993), 30 April 1997; No.900/1999 (CCPR/C/76/D/900/1999), 13 November 2002等参照。

★5　Australia Human Rights and Equal Opportunity Commission, *Those who've come across the seas: Detention of unauthorized arrivals*, 1998 [http://www.hreoc.gov.au/].

★6　福島瑞穂衆議院議員の質問趣意書に対する政府答弁書、入管問題調査会『入管収容施設──スウェーデン、オーストリア、連合王国、そして日本』（現代人文社・2002年）所収。

★7　たとえば英国は、庇護希望者の子どもの収容は条約違反であると端的に指摘され、援助を必要とする子どもとして児童福祉法制上の対応をとるよう勧告されている（英国2〔49・50〕）。カナダも、保護者のいない未成年者の収容回避を原則とするよう勧告された（カナダ2〔47〕）。ほかにスウェーデン〔9・12〕、英領香港〔18・33〕、オーストラリア〔20〕、タイ〔28〕、オーストリア〔27〕、ギリシャ〔68・69〕、ベルギー2〔28〕、イタリア2〔45・46〕、チェコ2〔56・57〕、オランダ2〔53・54〕等参照。

★8　Australia Human Rights and Equal Opportunity Commission, *National Inquiry into Children in Immigration Detention Report: A Last Resort?*, 2004 [http://www.hreoc.gov.au/].

★9　自由権規約委員会の一般的意見15（とくにパラグラフ5）；「見解」No.930/2000, CCPR/C/72/D/930/2000, 16 August 2001等。

★10　*Berrehab v the Netherlands*, 21 June 1988；*Mehemi v France*, 26 September 1997 等。

★11　たとえばいくつかの国は、家族の分離を引き起こす国外退去を避けるための解決策を模索するよう勧告されている（ノルウェー〔24〕、カナダ〔24〕等）。また、法律で庇護希望者・難民の家族の一体性を保護するよう勧告された国もある（アルメニア2〔29・30〕）。ほかにフランス〔25〕、スペイン〔22〕、デンマーク〔30〕、ベルギー〔19〕、ドイツ〔19・33〕、英領香港〔14・26〕、オーストラリア〔30〕、タイ〔28〕、ノルウェー2〔30〜33〕、ベルギー2〔28〕、スイス〔50・51〕、スペイン2〔34・35〕、ドイツ2〔55〕等参照。

★12　東京地裁平11年11月12日判決・判例時報1727号94頁、同平15年9月19日判決（平成12年（行ウ）第211号退去強制令書発付処分取消等請求事件）、同平15年10月17日判決（平成13年（行ウ）第34号退去強制令書発付処分取消等請求事件）等。

★13　OHCHR et. al., *Manual on Human Rights Reporting*, United Nations, New York, 1997, pp.419-420.

★14　ほかに英国〔7〕、ドイツ〔19・33〕、英領香港〔26〕、ベルギー2〔28〕、スイス〔50〕、英国2〔50〕、イタリア2〔46〕、カナダ2〔47〕、スロベニア2〔57〕等参照。

★15　自由権規約委員会「見解」No.1069/2002, CCPR/C/79/D/1069/2002。

★16　たとえば1995年4月7日のオーストラリア最高裁判所判決（*Minister for Immigration and Ethnic Affairs v Teoh* [1995] 128 ALR 353）、1997年1月29日のフランス最高行政裁判所（コンセーユ・デタ）判決（CE4SS173470C, *TORESS*, 駒井洋ほか編『超過滞在外国人と在留特別許可』［明石書店・2000年］103〜104頁参照）、1997年7月9日のカナダ連邦最高裁判所判決（村上正直「カナダの出入国行政における子どもの権利の考慮の一端――カナダ連邦最高裁判所Baker判決を中心に」藤田一久・松井芳郎・坂元茂樹編『人権法と人道法の新世紀』〔東信堂・2001年〕119〜147頁、とくに130〜131頁参照）等。

★17　*Mehemi v France*, 26 September 1997.

★18　たとえばベルギー2〔28〕、スペイン2〔45・46〕（モロッコ2〔59〕も参照）、イタリア2〔45・46〕等。いずれも基本的には保護者のいない未成年者の事案を対象とした勧告ではあるが、退去強制を執行した時点で締約国の責任が消滅するわけではないことを示すものである。

在留資格のない
子どもに出会ったら
学校の先生のためのヒント

高橋 徹

　「先生、私、もう学校に来れないかもしれない」「いつ自分が学校に来なくなっても、先生、心配しないでね」とクラスの生徒から相談されたらどうしたらいいのだろう。在留資格がないために、突然子どもたちが消え、あるいは消えようとしたとき、教師は何ができるだろうか。
　日本に在留する外国人は、「出入国管理及び難民認定法（入管法）」と「外国人登録法（外登法）」と2つの法律で管理されている。いずれも外国人管理を目的とした法律で、外国人の権利を定めたものではない。教師たちが教室で出会う外国籍の子どもたちも、これらの法律の下に管理されている。日本には外国人の人権についてきちんと定めた法律はない。現状では日本国憲法や教育基本法の人権に関する思想を準用するか、「子どもの権利条約」のような日本も批准する条約などに謳われた国際人権基準に基づいて判断することになる。本来は、在日外国人の権利について定める「外国人人権基本法」が必要であるし、そうした声も上がっている。
　このような現状も踏まえながら、教室で出会う外国人生徒の問題について考えていこう。

在留資格がないということ

　日本における外国人の在留は「在留資格制度」によって認められる（入管法）。

したがって、子どもの在留が問題となるのはほとんど、親が在留資格を失っている状態にある場合となる。

とくに子どもの在留が問題となる代表的なケースとしては、下記の①〜⑥が挙げられる。

①80年代の後半から、主に「観光」などの短期滞在資格で入国し、そのままオーバーステイの状態で働き続けている外国人労働者とその子どもたち。

②1990年以降、国策として、主としてラテンアメリカから日系人労働者を受け入れた際に、日系と偽って入国してきたラテンアメリカ出身者の家族。

③1994年に公布された「中国残留邦人等の円滑な帰国の促進及び永住帰国後の自立の支援に関する法律」に従って、元残留邦人の家族を装って入国してきた中国人家族、または偽装ではなかったものの書類に不実記載などがあって在留資格を取り消されてしまった家族。

④元残留邦人の呼び寄せ家族のうち、配偶者の実子で、残留邦人と血縁関係のない成人した子どもの世帯（定住者告示では、養子については6歳未満、連れ子については未婚未成年にかぎり在留が認められている）。

⑤国際結婚で入国した配偶者が短期間で離婚した場合、在留資格が取り消される。その配偶者に入国の際、日本に連れて来た日本人と血縁関係のない外国籍の実子がいた場合、この子どもも親の離婚とともに在留資格を失う。

⑥本国での迫害から逃れ、日本に庇護を求めてきた難民申請者の家族。

学校の役割

❖在留資格のない子どもも学校には通える

在留資格のない非正規滞在の子どもであっても、教育を受ける権利があり、日本の学校に通うことができる。文部科学省の方針に則ったもので、『就学事務ハンドブック』（第一法規・1993年）にも明記されている。

日本も批准している子どもの権利条約には「初等教育を義務的なものとし、すべての者に対して無償のものとする」（28条）とあり、この場合、子どもの滞在が合法かどうかは関係ない。そして実際に、非正規滞在の子どもたちは日本の学校に通っている。

そもそも、その子に在留資格があるかないかは教育委員会や学校が判断すべきことではない。そこに教育の必要な子どもがいたら、受け入れていくのが公教育の立場である。

❖不就学児童に出会ったら

　在留資格を失った家族は、入管・警察による摘発を恐れるあまり、家庭内に引きこもってしまうことがある。そのため、学校教育へのアクセスが閉ざされてしまう。無国籍児童や、不就学児童の実数を知る術はない。これに対して、退去強制という方法で問題を解決することはできない。退去強制は解決策ではなく、このような現実を作り出している原因のひとつと見るべきだろう。

　このような児童と出会った場合、親と話し合い、子どもの教育を受ける権利を保障するよう、説得していこう。同時に学校に対しても、誤解や偏見を解き、子どもを学校に受け入れても問題はないことを知らせていこう。

❖子どもたちの声に耳を傾け、背景を知ろう

　「違法だから」といって切り捨ててしまう前に、なぜその家族が日本に来たのか、まずは事情を聞いてみてほしい。祖国を離れた背景には、「貧困」「迫害」「戦争」等が存在している場合も多い。また、子どもたちがなぜ日本にいたいと考えるのか、その理由を語る子どもたちの言葉にも耳を傾けてみよう。

　個別の事情もあるかもしれない。本書の事例のように、法律では在留資格が認められていないけれども、家族として長年暮らしてきた家族であったり、何年も日本に住んでいて地域とも馴染み、子どもが日本語しかしゃべれないことも多い。家族を引き離したり、子どもを見も知らぬ国（当人にとっては外国）に追いやることが、家族の結合権や子どもの成長発達権の侵害となるばかりか、子どもの心に傷をつくることに気づくだろう。

　そして、その子にとってどうすることが一番よいことなのかを最優先に考えていこう。

「在留特別許可」という救済の道

❖「在留特別許可」とは

　在留資格がたとえなくても、あきらめてすぐ帰国する必要はない。「在留特別許可」によって、在留資格を取得する道があるからだ。在留特別許可とは、在留資格のないまま日本に暮らす外国人に在留資格を認めることである。非正規滞在者であっても、法務大臣が特別に在留を許可すべき事情があると認めた場合には、在留特別許可が与えられ、合法的に日本に滞在することができる。在留特別許可は法務大臣の「裁量」とされ、その判断基準は公表されていないが、「日本人とのつながり」が重要な基準となっていると考えられている。

　在留特別許可は、入管法50条1項によって以下のように定められている。

> 第50条　法務大臣は、前条第3項の裁決に当つて、異議の申出が理由がないと認める場合でも、当該容疑者が左の各号の一に該当するときは、その者の在留を特別に許可することができる。
> 1. 永住許可を受けているとき。
> 2. かつて日本国民として本邦に本籍を有したことがあるとき。
> 3. その他法務大臣が特別に在留を許可すべき事情があると認めるとき。

　この3に該当することを積極的に訴える必要がある。そのためには、支援態勢を整え、世論を形成していくことも必要である。

❖入管手続きをサポートする

　「在留特別許可」を求める方法は、基本的には手続きであるから、事情がよくわかってくれば、書類を整えたり、提出したりするのをサポートすればよい。しかし現状で手続きを行えば必ず、「在留特別許可」が下りるという状況ではない。本書の報告でもわかるとおり、法務省入国管理局のハードルは高く、不許可にされる場合も少なくない。したがって、弁護士や行政書士に依頼したり、相談したりする必要が出てくる。しかし、法律の専門家といえど入管手続きに精通していない場合もあるので、弁護士の選任にも注意を払う必要がある。許可が得ら

れなかった場合は、法務大臣裁決を覆すための裁判（行政訴訟）を行うこともできる。

ただ、入管の考え方は少しずつ変わってきている。昨日はだめでも明日はいけるかもしれない。最善の解決のためには、学校の手助けが必要である。子ども本人と親の意向はつねに確認しながら取り組んでいこう。

周囲をどう説得するか

「違法な家族を支援していいのか」。

在留資格のない人たちの支援を始めると、決まって聞かれるのがこの声だ。在留特別許可を求める支援の最初の壁である。学校の教職員のなかにも、このように考え、支援を尻込みする人たちがいるかもしれない。しかし、ていねいに説明すれば、この壁を乗り越えることができる。

まず第1に、入管法違反は行政法上の手続き違反にすぎない。そもそも「違法性」には2種類あって、殺人のように、法律があろうがなかろうが人間として許されない犯罪を犯した場合の「違法」と、法律があるためにはじめて「違法」となるものがある。車が来ないのを見計らって、赤信号の交差点を足早に渡ったことのない人はいないだろう。車の運転をする人で、スピード違反を1秒たりとも犯さなかった人はいないと思う。入管法違反とは、この程度の法律違反である。

第2に、かかる子どもの違法状態は子どもにはなんら責任がない。

第3には、法の目的と、罰のバランスの問題がある。在留期限を超えて滞在し続けた行為や、入国の手続きに違法性があるとしても、その罪に対する罰が「存在そのものの否定」「子どもたちの学びと発達の否定」ではバランスが悪すぎる。

第4に、子どもたちの違法状態を解消し、「在留特別許可」を求める行為は、同じ入管法に定められた合法的な手続きである。私たちが支援しようとしているのは、合法的な手続きによって、違法状態を解消しようという行為である。

そして第5に、本書137ページ以下でも述べたように、子どもの意に反して、また学びの途中を断ち切るように強制する送還は、子どもの権利条約に抵触する。

入管の担当官、あるいは法務大臣に納得してもらい、「在留特別許可」を得る

には、当該家族が、学校や地域の中でしっかり生きていることを示す必要がある。家族の友人たち、職場の同僚、学校の教員、PTAなどの声を嘆願書のかたちで入管に伝えよう。署名活動や、マスコミに訴えるなどの方法を使って世論を形成していくことも有効な方法だろう。そのためのヒントは、本書の事例の中にちりばめられているので、それをぜひ参考にしてほしい。

子どもが収容されたら

❖すぐに子どもに面会を

　入管は現在、未成年者については次の3つのいずれかの運用で、退去強制手続きを進めている。
①両親を入管の収容施設に収容し、未成年者のみ児童相談所に保護を依頼
②親とともに収容
③いったん収容したあと、子どもと母親を仮放免し、父親のみ収容継続

　この3つのいずれの運用をとるかは入管の裁量で決められており、基準はない。基本的には入管は「全件収容主義」（すべての退去強制該当者を収容する運用）をとっているため、子どもを収容しないための定めは入管法には存在しない。

　突然学校にやって来なくなった子が、調べてみたら入管に収容されていた場合、最初にすべきことは、すぐに面会に行き、不安とパニックに陥っている子どもを安心させてあげることだろう。

❖収容から子どもを解放する

　子どもであっても、収容を解くには「仮放免」許可を受けなければならない。仮放免は、誰でも代理人となって申請することができる。

　申請のやり方は入管に問い合わせれば教えてくれる。保証金（300万円を超えない）を求められる場合があるが、帰国したとき、もしくは在留が認められたときは返還される。どうしても保証金が用意できない場合であってもあきらめてはいけない。金額が定められているわけではないので、粘り強く入管と交渉し、支払える金額まで落としてもらうべきである。たとえ不許可になっても、申請は何回でもできる。子どもの場合はたいてい仮放免を認めてくれる。「収容」即「退去強制」

ではないので、せめて最終的な結論が出るまでは学校で学ぶ権利を確保したい。

最近では入管の対応も柔軟になってきていて、支援者や弁護士がついている家族については、少なくとも子どもたちの収容は避ける運用をするようになってきている。入管に出頭する際にはできるだけ日本人の支援者（これが担任の教師なら最高！）が付き添い、支援がついていることを入管側に知らせておくことが重要である。

状況を把握したうえで学校内での支援態勢を整えていこう。「入管法に違反している」ことに対する誤解や偏見が定着し、校内で支援態勢がつくれない場合も、本人の意思に反して退学届けを書くことを強制することのないようにしたい。学校にまで摘発に来た入管職員にも動じず、子どもを引き渡さなかった校長先生もいる。子どもの最善の利益を考える「教師」としての誇りと自信を失わずに行動していきたい。

アムネスティを求めて

諸外国のなかには、短期の時限立法によって、一定要件を満たす非正規滞在者を一斉に合法化するプログラム（＝アムネスティ）を実施している国もある。日本でも、2000年2月、日本人と血縁をまったく持たない何組かの外国人家族に対して、はじめて在留特別許可が与えられた（本書8ページ参照）。許可された家族には、日本の学校に通う子どもがいたことから、子どもの権利条約の「子どもの最善の利益」が考慮されたのではないかといわれている。

外国人政策の基本である「第2次出入国管理基本計画」(2000年3月)の中で、政府は、非正規滞在者について「人道的な観点を十分に考慮し、適切に対応していく」としている。

また2004年4月15日、参議院における改定入管法の審議において次のような付帯決議がなされている。「政府及び関係機関は、本法の施行に当たり、次の事項について特段の配慮をすべきである。㈠出国命令制度及び在留資格取消し制度など各種の対策を実施する際は、本邦に在留している外国人の人権や生活環境等を十分配慮し、適切な運用を行うこと。㈡退去強制手続き、在留特別許可等の運用に当たっては、当該外国人の在留中に生じた家族的結合等の実情を十

分配慮し、適切に措置すること」。

　在留特別許可の判断基準は依然として不透明で、今なお多くの子どもたち（年間300～400人）が強制送還されている現実があるが、時代は少しずつ動いているようにも見える。私たちは、非正規滞在者への対応に際して、子どもの権利条約をはじめ、日本が批准している国際人権条約の条文が積極的に考慮されるよう求めていかねばならない。

[もっと知りたい人のための参考文献]
『ストップ！子どもの強制収容・強制送還』(全国在日外国人教育研究協議会編、注文は「全外教事務局」TEL：075-212-1338へ)
『国際結婚マニュアル』大貫健介編著、海風書房(国際結婚マニュアルだが、在留の問題に関する基本的なことがとてもわかりやすく書かれている)
『子どもたちにアムネスティを――在留特別許可取得一斉行動の記録』A.P.F.S.編、現代人文社
『実務家のための入管法入門』東京弁護士会外国人の権利に関する委員会編、現代人文社
『入管実務マニュアル』入管実務研究会編、現代人文社(改訂版が近日発売予定)
「子どもの最新データーマガジン月刊子ども論(2003年2月1日)」(クレヨンハウス、2500円)

外国人の子どもたちの「在留資格問題」連絡会

子どもたちの退去強制が子どもの学びと発達を阻害することから、このような問題に関心を持ったり、取り組んだりしている教員、学生、日本語教育関係者、弁護士、外国人支援者、外国人当事者などの個人や団体が集まってつくったゆるやかな連絡会。情報交換、情報発信、子どもたちや家族のサポートをしていきたいと考えている。

[連絡先] 〒102-8160 東京都千代田区富士見2-17-1
法政大学キャリアデザイン学部 山田泉研究室
FAX：03-3264-5485　Eメール：grillo@jca.apc.org

●

先生！日本で学ばせて！
強制送還される子どもたち

2004年9月10日　第1版第1刷

編　　者	外国人の子どもたちの「在留資格問題」連絡会
発 行 人	成澤壽信
編 集 人	西村吉世江
発 行 所	株式会社 現代人文社

　　　　　東京都新宿区信濃町20 佐藤ビル201（〒160-0016）
　　　　　TEL.03-5379-0307　FAX.03-5379-5388
　　　　　daihyo@genjin.jp（代表）
　　　　　hanbai@genjin.jp（販売）
　　　　　http://www.genjin.jp/

装　　丁	井上智子
表紙写真	毎日新聞社
発 売 所	株式会社 大学図書
印 刷 所	株式会社 シナノ

検印省略　Printed in Japan
ISBN4-87798-216-7 C0036
©2004 外国人の子どもたちの「在留資格問題」連絡会

本書の一部あるいは全部を無断で複写・転載・転訳載などをすること、または磁気媒体等に入力することは、法律で認められた場合を除き、著作者および出版者の権利の侵害となりますので、これらの行為をする場合には、あらかじめ小社また編者宛に承諾を求めてください。

Asian People's Friendship Society（A.P.F.S.）編

子どもたちにアムネスティを
在留特別許可取得一斉行動の記録

1999年9月2日 日本で生活してきた非正規滞在外国人21人が「在留特別許可」を求めて東京入国管理局に一斉出頭した。日本初のアムネスティ（合法化）請願行動の記録。

定価◎1,000円+税

A5判◎112頁◎並製◎2002年12月刊
ISBN4-87798-109-8 C0036

この子から笑顔を奪わないでください…

◎目　次◎

在留特別許可取得一斉行動について／村田　敏（弁護団長）
なぜ21人は、在留特別許可を求めたのか／吉成勝男（A.P.F.S.代表）

［弁護団からの報告］
一斉出頭者の裁判について／児玉晃一　　在特裁判で学んだこと／北村聡子
アミネさん一家の裁判の覚書／山田正記　　ユーちゃんの目から見た裁判／土井香苗
Kさん一家を担当して／荻野明一　　アラムさん事件覚書／小林明隆

［出頭した人たちの声］
子どもたちのために日本で暮らせたら……／白取芳樹（A.P.F.S.スタッフ）
日本で生活できること／アウン・リン
在留特別許可の展望と課題／近藤　敦（九州産業大学経済学部教授）
緊急に解決されるべき非正規滞在外国人問題／渡戸一郎（明星大学人文学部教授）

［資料］
出頭者プロフィール　　在留特別許可取得一斉行動年表